本项目得到重庆理工大学高层次人才科研启动金项目
（项目号：0108220083）资助

城市土地出让市场化的经济增长效应研究

杨琰军　著

CHENGSHI TUDI CHURANG SHICHANGHUA DE JINGJI ZENGZHANG XIAOYING YANJIU

中国农业出版社
北　京

前　言

改革开放以来，市场化改革推动要素配置效率提升，给中国经济带来了举世瞩目的增长奇迹。2008年金融危机之后，生产要素配置扭曲导致全要素生产率明显下降。在主要要素市场中，资本和劳动力已经基本实现了市场化，但土地要素市场发育滞后，不仅导致土地资源配置严重扭曲，还通过影响其他要素投入组合对全要素生产率产生负面影响，并对我国经济社会可持续发展提出严峻挑战。为此，我国分别在2002年和2007年实施了《招标拍卖挂牌出让国有土地使用权规定》和《招标拍卖挂牌出让国有建设用地使用权规定》，确立了以“招拍挂”出让取代无偿划拨和协议出让的城市土地出让市场化改革方向。2017年，党的十九大将推进要素市场化改革作为当前经济体制改革的重点工作。2020年，为进一步通过要素市场化改革增添经济增长新动力，中共中央、国务院出台《关于构建更加完善的要素市场化配置体制机制的意见》（以下简称《意见》），再次确认要素市场化改革的方向和原则，并将土地要素市场化改革置于显著位置，凸显出土地要素市场化改革的重要性和紧迫性。

尽管城市土地出让市场化改革在提高资源配置效率和提供新的增长动力等方面被寄予厚望，但在现实层面，城市土地出让市场化对经济增长的影响还有待深入考察：土地出让市场化改革能否为经济注入新的动力？具体的作用机理是什么？已有的改革经验是否满足《意见》的政策需求？

为了回答上述问题，本研究首先使用大规模微观交易记录数据评估城市土地出让市场化水平，然后构建理论分析框架，分析城市土地出让市场化影响经济增长的路径和机理，并进行实证检验。研究发现，城市土地出让市场化通过结构优化路径、投资扩张路径和技术进步路径影响经济增长。

城市土地出让市场化通过结构优化路径影响经济增长。在微观层面，城市土地出让市场化促进资本和劳动力流动，降低资本和劳动力配置扭曲水平，进而促进经济增长。在中观层面，一方面，城市土地出让市场化促进产业结构高级化发展，加快经济进入“结构性减速”通道的进程，抑制经济增长；另一方面，城市土地出让市场化通过推动产业结构合理化发展对经济增长有促进作用，但促进作用随着土地出让市场化水平提高逐渐减弱。

城市土地出让市场化通过投资扩张路径促进经济增长。城市土地出让市场化促进土地资本化和土地融资，推动投资扩张，从而促进经济增长。

城市土地出让市场化通过技术进步路径促进经济增长。城市土地出让市场化通过规模效应、成本效应和制度环境效应促进技术进步，从而有助于经济增长。

区域异质性分析发现：在东部城市，土地出让市场化通过提升要素配置效率、促进投资和技术进步推动经济增长；而在中部和西部城市，土地出让市场化对要素配置效率提升和技术进步的正面影响不显著，主要通过促进投资推动经济增长。研究还发现，土地财政与土地出让市场化的交互作用弱化了土地出让市场化对经济增长的促进作用。

相比已有文献，本书创新点有以下几方面：第一，从理论层面全面和系统提出城市土地出让市场化促进经济增长的路径和机理。已有文献不够重视理论分析框架构建，尤其缺乏对作用机理的全面分析。本书在新古典经济增长理论框架下，以经济增长核算理论为基础，构建理论分析框架，全面和系统分析城市土地出让市场化通过结构优化路径、投资扩张路径和技术进步路径影响经济增长的机理，不仅丰富经济增长相关文献，还深化和拓展土地要素市场化配置影响经济增长的理论，并为相关实证研究提供理论基础。第二，完善城市土地出让市场化水平的评价指标体系，使用大规模微观数据评估城市土地出让市场化水平，解决已有研究高估城市土地出让市场化水平的问题。已有研究将招标、拍卖和挂牌 3 种出让方式视为相同市场化水平的出让方式，不仅无法准确评估城市土地出让市场化水平，还增大了相关实证研究偏误。本书使用大规模微观交易数据对招标、拍卖、挂牌 3 种方式进行区分，充分利用不同出让方式的价格、宗数和面积信息评估城市土地出让市场化水平，得出城市土地出让市场化水平在样本期内提高不多的结论。这一结论不仅为城市土地出让市场化改革成效的争论提供一个有力证据，还为城市土地出让市场化相关实证研究提供坚实的经验证据。第三，理论分析和实证检验土地财政与土地出让市场化的交互作用对经济增长的影响。已有研究没有区分和控制土地财政影响，可能导致严重的估计偏误。本书不仅从概念层面对两者进行区分，还在理论层面分析代表政府意志的土地财政与作为市场力量的土地出让市场化互动对经济增长的影响，并进行实证检验。这对于理解中国式城市经济增长具有重要意义。第四，弥补已有研究忽略技术进步路径和产业层面结构优化路径的不足。本研究在统一的理论框架下，分别在微观、中观和宏观层面，从结构优化路径、投资扩张路径和技术进步路径实证检验城市土地出让市场化对经济增长的作用机制。这不仅有助于全面和系统认识土地资源市场配置与经济增长的内在联系，还为我国通过要素市场化改革增强经济增长动力的政策部署提供经验依据。

杨琰军

2023年7月

目　录

前言

第1章

绪　论

1.1　研究背景和问题提出

改革开放以来，市场化改革推动要素配置效率提升，给中国经济带来了举世瞩目的“增长奇迹”，对我国全要素生产率（total factor productivity，简称 TFP）的贡献达到 39.2%（樊纲等，2011）。但 2008 年金融危机之后，中国全要素生产率明显下降，年均增速较之前 30 年平均水平下降 1%以上（刘世锦等，2015）。目前来看，除经济发展周期性因素以外，要素配置扭曲是导致我国全要素生产率增速放缓的主要原因（陈诗一和陈登科，2017）。如果我国要素配置效率与美国齐平，TFP 将提高 30 个到 50 个百分点（Hsieh 和 Klenow，2009）。

在要素市场中，资本和劳动力已经基本实现了市场化，但土地资源市场化配置水平较低，对我国经济社会可持续发展提出了严峻挑战（蒋省三等，2007；刘守英等，2020）。为此，党的十九大将推进要素市场化改革作为当前经济体制改革的重点工作。2020 年，为加快要素市场化改革进程，中共中央、国务院出台了《关于构建更加完善的要素市场化配置体制机制的意见》和《关于新时代加快完善社会主义市场经济体制的意见》，把土地要素市场化改革放在显著位置，凸显出土地要素市场化改革的重要性和紧迫性。

从城市土地市场化改革历程来看，中央政府 1999 年就确定了以“招拍挂”出让取代无偿划拨和协议出让的城市土地市场化改革的基本方向。2002 年，国土资源部发布了《招标拍卖挂牌出让国有土地使用权规定》，要求地方土地主管部门对“商业、旅游、娱乐和商业住宅等各类经营性用地，必须以招标、拍卖或者挂牌方式出让”。2006 年，国务院发布了《关于加强土地调控有关问题的通知》，要求“工业用地必须采用招标拍卖挂牌方式出让”。

2007年，国土资源部按照国务院要求发布了《招标拍卖挂牌出让国有建设用地使用权规定》，再次强调工业用地（不含矿山）以及同一宗地有两个以上意向用地者的其他用地应当采用“招拍挂”方式出让。上述改革政策的颁布规范了城市地方政府的土地出让行为，使得城市土地资源配置大体向着市场配置的方向发展（贾康和梁季，2015）。

尽管城市土地出让市场化改革在提高资源配置效率和提供新的增长动力等方面被寄予厚望，但在现实层面，城市土地出让市场化对经济增长的影响有待进一步深入考察。目前，围绕城市土地出让市场化与经济增长的关系这一重要课题，已有研究主要在两个问题上存在分歧：第一个问题是对城市土地出让市场化水平的测度，第二个问题是关于城市土地出让市场化与经济增长的关系判断。

针对城市土地出让市场化水平测度，一种观点认为，自2003年我国加快城市土地出让市场化改革以来，代表市场化出让方式的“招拍挂”出让宗数和面积占比大幅提高，使得城市土地出让市场化水平明显提升（徐升艳等，2018；姜旭等，2019）。但相反的观点认为，虽然“招拍挂”出让方式的强制执行使得协议出让方式占比迅速下降，但大量土地使用易于地方政府干预的挂牌方式出让，实质上对提升城市土地出让市场化水平的作用有限，所以城市土地出让市场化还是处于较低水平（黄砺和张梁，2014；张辽和杨成林，2015；王媛和杨广亮，2016）。对比和分析两种观点发现，造成上述分歧的主要原因是学者们在评价方法和数据选择方面持有不同意见。一方面，在测度城市土地出让市场化水平过程中，多数研究没有将招标、挂牌、拍卖3种出让方式加以区分，但Cai et al.（2013）、王媛和杨广亮（2016）发现，与拍卖和招标出让方式相比，挂牌出让方式更容易受到地方政府干预，所以市场化水平明显低于其他两种方式。另一方面，即便少数文献对招标、挂牌、拍卖3种出让方式进行了区分，也面临着样本空间尺度过大和样本期太短的问题。例如钱忠好和牟燕（2012）对3种出让方式进行区分，并测算了2003—2008年的省级土地出让市场化水平，但我国土地出让的实际控制权归市一级地方政府，因此省域层面的评估结果不仅无法准确反映城市土地出让市场化水平，还可能产生合成谬误问题。Liu et al.（2016）区分了3种出让方式，但样本期只到2010年，因此无法反映近年土地出让市场化水平变化情况。

针对城市土地出让市场化与经济增长的关系，一种观点认为，城市土地出让市场化推高地价，增强政府和企业融资能力，激励市场主体优化要素投入结构，提升资源配置效率，从而促进经济增长（赵燕菁，2014；徐升艳等，2018）。相反的观点认为，城市土地出让市场化虽然带动固定资产投资增长，但却锁定投资驱动的粗放型经济发展方式，抑制技术进步，并容易形成资产泡沫，不利于经济长期增长（张良悦等，2013）。造成上述分歧的主要原因是相关研究只关注了城市土地出让市场化的局部效应对经济增长的影响，且没有对土地财政和土地出让市场化进行区分，从而导致其结论存在较大差异。一方面，持有土地出让市场化促进经济增长观点的学者主要强调了土地出让市场化的融资效应和资源配置效应的积极作用，而持有土地出让市场化抑制经济增长观点的学者主要强调了土地出让市场化引起的发展方式锁定和资产泡沫等不利影响。另一方面，上述研究均没有区分和控制土地财政的影响，少数研究甚至将土地财政等同于土地出让市场化。土地财政不仅影响城市土地出让市场化水平（严金海，2018），还对城市经济增长也有影响（孙秀林和周飞舟，2013），因此，不对土地财政进行区分和控制可能导致严重的估计偏误。

经济增长理论指出，产业结构变迁（Kuznels，1957）、技术进步（Romer，1996）、要素投入（巴罗和萨拉伊马丁，2000）和资源配置效率（Hsieh 和 Klenow，2009）等因素对经济增长具有重要影响。而已有研究发现，城市土地出让市场化扩大了投资规模（Qin et al.，2016），并对资源配置效率提升有积极作用（徐升艳等，2018）。因此，一个有待深入考察的问题是：城市土地出让市场化是否通过影响投资规模和资源配置效率对经济增长产生影响？城市土地出让市场化是否还通过其他机制作用于经济增长？

为了回答上述问题，本书对城市土地出让市场化改革的制度变迁进行梳理，使用大规模微观交易记录数据对招标、拍卖和挂牌 3 种出让方式进行区分，充分利用不同出让方式的价格、宗数和面积信息评估城市土地出让市场化水平，解决已有研究中出现的空间尺度过大、样本期太短和高估土地出让市场化水平的问题。在新古典经济增长理论框架下，以经济增长核算理论为基础，构建城市土地出让市场化影响经济增长的理论框架，从结构优化路径、投资扩张路径和技术进步路径全面和系统分析两者的作用机理，并使用相关数据实证检验，解决已有研究的全面性和系统性不足问题。

当前，在中国经济逐渐放缓和土地市场发育迟缓的背景下，探究城市土地出让市场化对城市经济增长的影响具有重要的理论价值和现实意义。

第一，理论价值方面。本书在对既有相关理论进行梳理和借鉴的基础上，界定城市土地出让市场化的内涵，构建理论分析框架，进一步深入分析城市土地出让市场化影响经济增长的机理，不仅深化和拓展土地要素市场化配置影响城市经济增长的理论，为相关实证研究提供理论基础，还丰富了中国市场化改革的相关文献，从而为我国要素市场化改革和建设高标准现代市场经济体系提供有力的理论支持。

第二，现实意义方面。在当前高投入、粗放式的增长模式难以为继的现状下，通过提高要素配置效率和提升技术水平为经济增长提供新的动力具有很强的现实针对性。另外，本书在深入考察城市土地出让市场化改革现状的基础上，全面评估城市土地出让市场化水平，进一步实证检验城市土地出让市场化影响经济增长的机制，为促进经济高质量增长的制度设计提供科学的理论支撑和政策建议。

1.2 研究内容与方法

1.2.1 研究内容

本书以区域经济学、发展经济学、产业经济学、制度经济学和计量经济学理论为基础，采用多元回归的实证研究方法，围绕城市土地出让市场化影响经济增长为主题，设计如下研究内容：

第 1 章，问题的提出。本部分在梳理相关文献的基础上，指出已有研究的不足，提出本书的研究问题，并围绕本项研究的问题设计了研究内容、研究方法、研究技术路线，然后提出了可能的创新和不足。

第 2 章，文献综述。从干预动机、干预方式、干预的影响 3 个方面介绍地方政府干预土地资源配置的研究进展。梳理和介绍城市土地出让市场化水平测度相关的研究进展。综述城市土地出让市场化影响资源配置效率、产业结构、技术创新、全要素生产率和经济增长的相关研究进展。最后对上述文献进行简要评述，找出已有文献不足，提出可能改进的方向。

第 3 章，城市土地出让市场化影响经济增长的理论分析。首先对核心概念进行界定，然后基于本书研究问题，梳理和分析城市土地出让市场化与经济增长相关基础理论，构建理论分析框架，分析城市土地出让市场化影响经济增长的机理，为后续的实证研究提供理论基础。

第 4 章，城市土地出让市场化现状分析和水平测度。首先梳理我国城市土地市场化改革制度演进路径。然后利用大规模微观交易数据分析城市土地出让市场化改革现状，进一步使用价格加权宗数占比法与价格加权面积占比法测度城市土地出让市场化水平，并对其变化特征和地区差异进行总结和分析。

第 5 章，城市土地出让市场化影响要素配置的实证检验。首先在传统增长核算框架下分别计算资本配置扭曲指数和劳动力配置扭曲指数，比较和分析两者变动趋势。然后基于第 3 章的理论分析构建计量模型，在考虑内生性问题的基础上，分地区和分时间段实证检验城市土地出让市场化对资源配置效率的影响。

第 6 章，城市土地出让市场化影响产业结构的实证检验。首先从产业结构高级化和产业结构合理化两个方面评估城市产业结构变迁，并分析两者变动趋势和原因。然后基于第 3 章的理论分析，在考虑内生性问题的基础上，实证检验城市土地出让市场化对产业结构高级化和产业结构合理化的影响及其异质性。

第 7 章，城市土地出让市场化影响固定资产投资的实证检验。基于第 3 章的理论分析构建计量模型，在考虑内生性问题的基础上，实证检验城市土地出让市场化对固定资产投资的影响及其异质性。

第 8 章，城市土地出让市场化影响技术进步的实证检验。基于第 3 章的理论分析构建计量模型，在考虑内生性问题的基础上，分地区和分城市类型实证检验城市土地出让市场化对技术进步的影响。

第 9 章，城市土地出让市场化影响经济增长的实证检验。首先，基于第 3 章的理论分析构建计量模型，在考虑内生性问题的基础上，实证检验城市土地出让市场化对经济增长的影响及其异质性。然后，分析城市土地出让市场化通过投资扩张路径、结构优化路径和技术进步路径对经济增长的影响机制及其异质性。最后，进一步讨论和实证检验土地财政与土地出让市场化的交互作用对经济增长的影响。

第 10 章，研究结论和政策建议。结合本书理论分析和实证研究结论，从相关制度改革、土地制度创新和要素市场化改革 3 个方面提出政策建议。

1.2.2 研究方法

本书坚持定性分析与定量分析相结合、规范分析与实证分析相结合的原则，运用文献分析法、数理模型推演和计量经济学中的回归分析方法，对城市土地出让市场化与经济增长的关系进行系统理论刻画与实证检验。具体使用的研究方法如下。

第一，文献分析法。在提出研究问题的时候，首先回顾和梳理了影响经济增长的主要因素（要素配置效率、要素投入等），然后总结了城市土地出让市场化改革影响城市经济的相关文献，进而提出研究的问题；在界定城市土地出让市场化概念的时候，首先回顾了市场化的概念和内涵，然后结合我国城市土地出让市场化改革的现状和本书的研究问题，界定了城市土地出让市场化的概念；在理论分析城市土地出让市场化对产业结构变迁、固定资产投资和技术进步影响的时候，借鉴了已有相关研究的观点和结论，提出了本书的观点。

第二，数理模型分析。在增长核算框架下，本书借鉴已有相关研究结论，使用数理模型推演城市土地出让市场化影响经济增长的理论机制。进一步地，本书还将土地要素加入生产函数中，建立土地要素配置与生产要素的边际收益产出和整个产业收益生产率的数理关系，讨论城市土地出让市场化对资本和劳动力配置扭曲的影响。

第三，综合指数法。在评估城市土地出让市场化水平的时候，本书在借鉴和完善已有评价指数的基础上，运用“爬虫技术”爬取大规模微观交易数据，使用综合指数法评估城市土地出让市场化水平；在评估城市资本和劳动力配置扭曲水平的时候，使用要素价格相对扭曲指数法测算资本和劳动力配置扭曲指数；在评估城市产业结构变迁的时候，使用产业结构高级化指数和产业结构合理化指数刻画城市产业结构变迁。

第四，描述性统计分析。分析城市土地出让市场化水平、城市资本和劳动力配置扭曲水平、城市产业结构高级化和产业结构合理化水平的变化趋势时，本书主要使用描述性统计方法进行比较分析。

第五，计量模型分析。本书第5～9章的实证部分主要运用固定效应模型（fixed effect model，简称FEM）回归方法。为了克服内生性问题，本书根据内生性问题产生的可能原因分别使用了工具变量（Instrumental Variables，简称IV）回归方法和动态面板的系统广义矩估计（system generalized method of moments，简称SYS-GMM）回归方法进行稳健性检验；在测算资本和劳动力配置扭曲指数的时候，为了体现不同城市的资本和劳动产出弹性差异，本书使用了最小二乘虚拟变量法（Least Square Dummy Variables，简称LSDV）的变系数回归模型进行测算。

1.3 研究技术路线

技术路线图如图 1.1 所示。

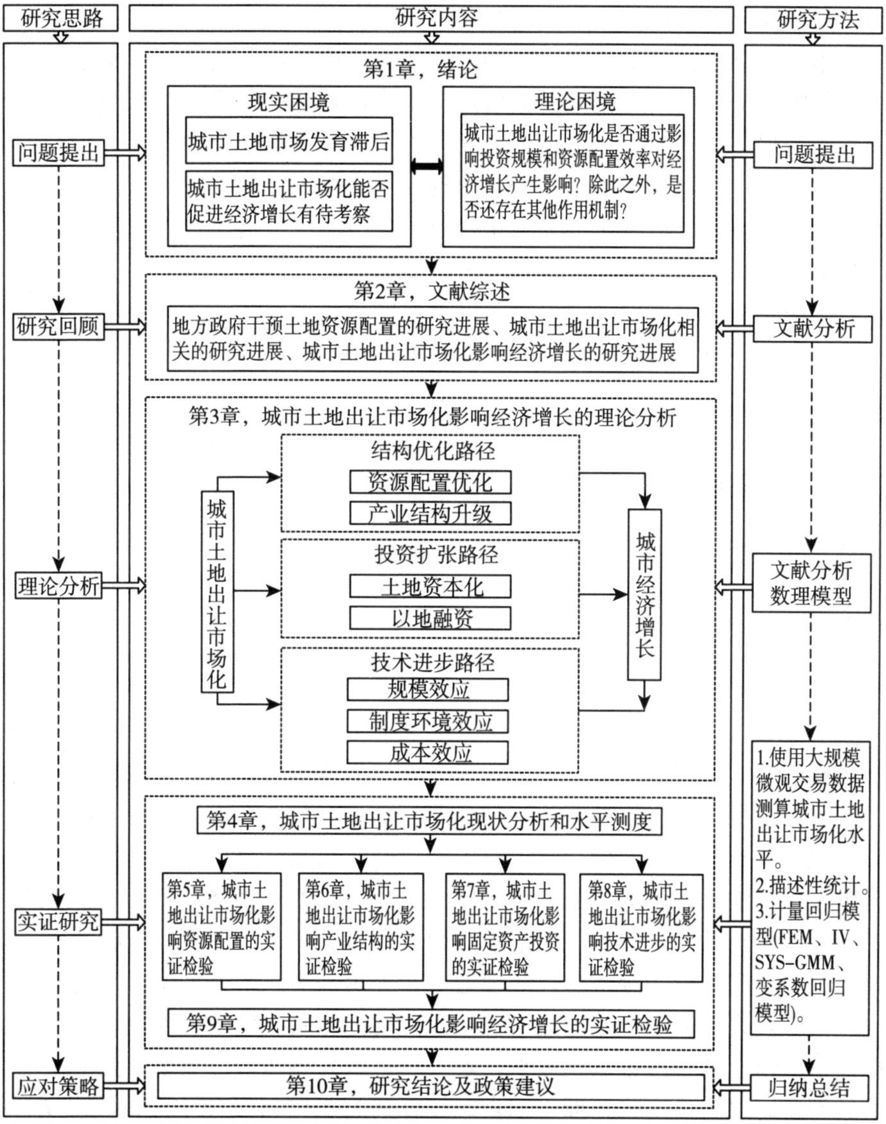

图 1.1 技术路线图

结合技术路线图（图 1.1），阐释本书的总体研究思路如下：

第一，系统梳理和分析城市土地出让市场化与经济增长的相关研究成果，找出当前研究的不足，并结合经济增长理论提出本书的研究问题：城市土地出让市场化是否通过影响投资规模和资源配置效率对经济增长产生影响？是否还存在其他的作用机制？

第二，立足经济增长和区域经济学相关理论知识，构建城市土地出让市场化影响经济增长的理论分析框架，从结构优化路径、投资扩张路径和技术进步路径理论分析城市土地出让市场化影响经济增长的机理。

第三，在全面和系统总结城市土地出让市场化改革制度变迁的基础上，评估城市土地出让市场化水平变化特征，分析城市土地出让市场化变化的原因和地区差异，为后续实证研究提供事实依据。

第四，依据前文理论分析，实证检验城市土地出让市场化通过影响资源配置效率、产业结构变迁、固定资产投资和技术进步对经济增长影响的机制。

第五，依据上述研究结论，从相关制度改革、土地制度创新和要素市场化改革 3 个方面提出切实可行的政策建议。

1.4 可能的创新和不足

1.4.1 可能的创新

相比已有文献，本书的创新点在于：

第一，从理论层面全面和系统提出城市土地出让市场化影响经济增长的路径和机理。已有的文献以实证研究为主，相对缺乏理论分析框架地构建，尤其对作用机理地分析不够系统和全面。本书构建分析城市土地出让市场化影响经济增长的理论框架，使用数理模型推演和文献分析方法，深入和全面分析城市土地出让市场化通过结构优化路径、投资扩张路径和技术进步路径影响经济增长的机理，不仅丰富经济增长相关文献，还深化和拓展城市土地要素市场化配置影响经济增长的理论，并为相关实证研究提供理论基础。

第二，完善城市土地出让市场化评价指标体系，使用大规模微观交易数据评估城市土地出让市场化水平，解决已有研究高估城市土地出让市场化水平的问题。已有研究将招标、拍卖、挂牌视为相同市场化水平的出让方式，不仅无法准确评估城市土地出让市场化水平，还增大了城市土地出让市场化相关研究偏误。本书使用大规模微观交易数据对招标、拍卖和挂牌 3 种出让方式进行区分，充分利用不同出让方式的价格、宗数和面积信息评估城市土地出让市场化水平，解决已有研究高估城市土地出让市场化水平的问题。测算结果显示，城市土地出让市场化水平在样本期内提高不多，这与已有研究得出城市土地出让市场化水平显著提高的结论截然不同。这一结论不仅为城市土地出让市场化改革成效的争论提供了有力证据，还为城市土地出让市场化相关实证研究提供了坚实的经验依据。

第三，理论分析和实证检验土地财政与土地出让市场化的交互作用对经济增长的影响。已有研究没有区分和控制土地财政的影响，可能导致严重的估计偏误。本书不仅从概念层面对两者进行区分，还从理论层面分析了作为市场力量的土地出让市场化与代表政府意志的土地财政互动对经济增长的影响，并进行实证检验。这对于理解中国式城市经济增长具有重要意义。

第四，从结构优化路径、投资扩张路径和技术进步路径全面考察城市土地出让市场化对经济增长的作用机制，弥补已有的研究忽略技术进步路径和产业层面结构优化路径的不足。这不仅有助于全面和系统认识土地资源市场配置与经济增长的内在联系，还为我国通过要素市场化改革增强经济增长动力的政策部署提供经验依据。

1.4.2 研究的不足

第一，没有对土地出让市场化影响城市集聚特征进行研究。作为经济活动、产业布局和城市集聚的空间载体，土地资源的配置必然会对城市由孕育到成熟过程中的内部形态和集聚特征产生重要影响。受数据和理论水平限制，本书没有对上述问题进行讨论和分析，这将会是进一步研究的方向。

第二，城市土地出让市场化影响经济增长的 3 个路径之间可能存在复杂的相互作用，受理论水平限制，本书并没有对 3 个作用路径之间的相互作用进行讨论和分析，这在未来也是需要进一步研究的问题。

第2章

文献综述

系统探究城市土地出让市场化对经济增长的影响，有必要借鉴吸收已有的理论研究成果。为此，本书首先介绍地方政府干预土地资源配置的相关研究，包括地方政府干预土地资源配置的动机、方式和影响；其次，梳理城市土地出让市场化相关研究，包括城市土地出让市场化改革的制度变迁和城市土地出让市场化水平测度；然后综述城市土地出让市场化影响经济增长的相关研究，包括城市土地出让市场化对资源配置效率、产业结构升级、技术创新、全要素生产率和经济增长的影响；最后对上述相关文献进行评述。

2.1 关于地方政府干预土地资源配置的研究进展

2.1.1 地方政府干预土地资源配置的动机

在中国当前政治体制下，地方政府有两大目标，分别是产出最大化和财政收入最大化（Cai et al.，2005；范剑勇和莫家伟，2014）。土地作为地方政府实际控制的一个重要资源，自然成为地方政府实现两大目标的一个有力政策工具。有研究认为，城市地方政府出让土地有两大不同动机，分别是“以地引资”和“以地生财”。其中，“以地引资”是指地方政府为了吸引外部投资，选择采用协议的方式低价出让土地，不仅推动地区经济快速增长，还为未来创造大量税收，充实了地方财政（张莉等，2011）。“以地生财”就是通常意义上的“土地财政”，即地方政府策略性地选择土地出让方式、时机和位置，实现土地出让收入最大化（周飞舟，2006；曹广忠等，2007；陶然等，2009，2007）。当然，土地出让收入既包括了与土地相关的税收收入和非税收入（李尚蒲和罗必良，2010），也包括了与土地相关的预算内收入和预算外收入（杨圆圆，2010）。目前来看，两种观点在学术界都有较多的支持者。

(1)“土地财政”说

1994 年分税制改革之后，地方政府在事权没有减少的情况下，却逐步上缴财权，这导致地方事权和财权严重失调。为了缓解不断增大的财政支付压力，地方政府只有选择大量出让土地获取土地出让收入，并以此补充财政收支缺口（王文剑和覃成林，2008；张青和胡凯，2009；唐云锋和马春华，2017)。由于土地出让收入并没有严格纳入财政预算管理体系，因此土地出让事实上软化了地方财政约束，助长了地方政府的投资冲动，使得地方政府对土地出让收入的依赖越来越严重。卢洪友等（2011）发现，土地财政不仅对财政收支失衡有显著改善作用，而且提高了地方基础设施建设水平。刘红芹等（2019）发现，低价出让工业用地促进了商用土地出让收入增长，但对固定资产投资和经济持续增长没有产生显著作用，因而，增加地方财政收入的解释最符合地方政府出让土地的实际目标。Han 和 Kung（2015）发现，地方政府留存的财政收入与土地出让收入成反向变动，当留存的财政收入下降 1%时，土地出让收入升高 10.0%～16.3%，这表明财政激励对地方政府政策选择具有重要影响。

(2)“土地引资”说

“土地引资说”的理论基础来源于“政治锦标赛”理论（杨其静和彭艳琼，2015)。在以 GDP（国内生产总值，Gross Domestic Product）增长率为地方官员政绩的核心评价指标的考核下，地方官员为了在与其他官员的竞争中胜出，尽一切可能整合其所能控制和影响的资源推动本辖区经济快速增长（周黎安，2007)。土地作为辖区内最重要的生产要素自然成为一种重要政策工具。为了招商引资，地方政府通常以低价或零价供应土地，学者们将这种行为称为“土地引资”(张莉等，2011)。顾乃华等（2011）发现，在省级层面，“土地引资说”得到了实证支持，但“土地财政说”没有得到实证结果支持。范剑勇和莫家伟（2014）发现，地方政府通过大搞基础设施建设和压低工业用地价格两种方式吸引工业投资，从而对地区工业经济增长起到显著促进作用。杨继东和杨其静（2016）发现，保持增长压力会促使城市政府出让更多工业用地，这间接证实了地方政府“以地引资”的目的是为了招商引资和发展经济。王岳龙和邹秀清（2016）发现，东部地区并不存在“土地财政”的动机，而中西部地区存在“以地引资”动机。

另外，范子英（2015）以 1998—2007 年主要部委的部长更换为自然实验，研究了地方政府出让土地的动机，发现无论是土地出让面积还是土地出让收入都没有随着财政压力的下降减少，所以他认为土地财政的真实原因是投资冲动，而不是财政压力。文雁兵（2015）认为，在“后土地财政时代”，地方政府已经从单纯卖地获得收入转向“以地生财”，在这个过程中，地方政府视土地为资本，目的在于使用土地撬动更多资金投入到城市基础设施建设中。

除此外，学者们发现，地方政府普遍采取“两手”供地策略，即一边通过压低工业地价尽可能多地吸引工业企业入驻，实现经济增长目标；一边还抬高商住用地价格，实现土地财政收入最大化目标（周飞舟，2006；王贤彬，2014；赵祥和曹佳斌，2017）。为了解释地方政府“两手”供地行为，雷潇雨和龚六堂（2014）将企业集聚效应和土地财政引入城市经济模型，从理论层面证明了低价出让工业用地和高价出让商住用地是地方政府最优的土地出让策略。刘凯（2018）将土地制度因素纳入多部门动态一般均衡框架，系统研究了土地制度及土地供给模式对经济增长的作用机制，并用反事实研究方法模拟了最优供地模式，他的研究发现，中国现行土地供给模式已经偏离了最优选择，原因是商住用地供给不足抑制了服务业发展和居民消费。

2.1.2 地方政府干预土地资源配置的方式

(1) 出让方式的选择

陶然等（2009）认为，在当前中国土地制度安排下，地方政府为了应对政绩考核，倾向选择大规模协议方式出让工业土地。原因是绝大部分服务业提供的是在本地消费的非贸易性（non-tradable）服务，由于地方政府在商业用地市场具有很强的价格控制能力，所以通常采用透明度和竞争性较高的“招拍挂”方式出让商用土地。与之不同的是，工业用地由于投资竞争形成了“全国性买方市场”，使得地方政府对工业用地的价格控制能力远不如商业用地市场，所以采用竞争性较低的协议方式低价出让工业用地就是地方政府的占优策略。地方政府通过商住用地出让收入横向补贴因协议出让工业用地带来的亏空，兼顾发展经济和扩大财政收入两大目标。当然，不同城市资源禀赋和经济发展水平相差较大，所以各个城市“两手”供地策略的偏重不同。赵文哲和杨继东（2015）发现，当面临较大财政收支缺口时，地方政府使用“招拍挂”出让方式的数量显著增加。另外，在国有经济比重较高的城市，地方政府为了缓解财政压力还会以较低价格向国有企业增加土地供应，使得国有企业获得更多价格低廉的土地要素投入，在提高国有企业营业收入的同时增加了地方税收收入。王媛和杨广亮（2016）发现，城市的资源禀赋越差，采用协议和挂牌等低价、定向出让方式的比例越高。范小敏和徐盈之（2018）发现，财政压力越大，地方政府“以地引资”的倾向就越显著，协议出让和挂牌出让比例就越高。综上可以看出，关于土地出让方式选择的影响因素，已有研究的结论存在较大分歧。造成上述分歧的原因大致有两个：第一，由于不同区域的经济发展机制存在差异，所以聚焦于不同行政级别的区域空间，得出的结论自然相差很大；第二，已有研究没有区分“招拍挂”出让方式的差异，可能存在较大偏误。

（2）出让数量的控制

在土地使用年度计划管理的体制下，供地数量的相关研究主要集中在对商业用地和工业用地出让差异的比较分析上，范剑勇等（2015）发现地方政府通过增加工业用地供应和缩减住宅用地供应的方式显著推动了城镇化快速发展。周敏（2017）构建了一个基于“土地财政”的“经营城市”模型，分析了地方政府出让土地和经营城市的内在联系，其研究发现，确定合适的工业供地比例和实现住宅用地的单价与面积之间的平衡对地方土地出让收入具有决定性影响。杨继东和杨其静（2016）提出，简单地认为住宅供地是财政动机而工业供地是保增长的动机是不合理的，因为工业用地出让有助于拉高未来商住用地的出让价格，所以两者都服务于土地财政目标。刘凯（2018）认为，地方政府对商业及住宅用地供给不足抑制了地区服务业发展和居民消费。除此之外，刘诚和杨继东（2019）发现，财政压力促使地方政府减少供地数量和分散供应位置，增长压力促使地方政府增加供地数量和集中供应位置。

2.1.3　地方政府干预土地资源配置的影响

（1）地方政府干预土地资源配置与资源配置扭曲

第一，资源配置扭曲的概念及测算。在经济学中，资源配置扭曲或者资源错配是相对资源最优配置的偏离。由于现实中无法得到资源最优配置状态，所以很难直接对资源配置扭曲水平测度。为了评估资源配置扭曲的程度，学者们主要使用了两种不同方法。一种是先验认定经济中存在某种扭曲导致的资源错配，然后通过异质性理论建模将资源配置扭曲水平计算出来（Restuccia 和 Rogerson，2013）。比如在研究一些发展中国家的资源配置扭曲水平时，可以视发达国家的资源配置状态为理想的有效配置状态，通过计算相对于发达国家资源配置的相对效率刻画发展中国家的资源配置扭曲水平。另外一种由 Hsieh 和 Klenow（2009）提出，他们认为，在企业生产技术非凸的情况下，资源的边际产出在截面上的离散程度可以作为衡量资源错配的代理变量。Banerjee 和 Moll（2010）在 Hsieh 和 Klenow（2009）的基础上进一步指出，即便在要素边际产出相等的情况下，如果满足在位企业的生产技术非凸和潜在进入企业比在位企业具有更高生产率的条件，通过要素在在位企业和潜在进入企业之间的重新分配仍然可以实现资源配置效率提升，所以在动态情形下，在位企业的要素边际产出相等并不能必然得出不存在要素配置扭曲的结论。依据这一结论，学者们对资源配置扭曲进行了细分，将前一种情况的错配称为内涵型错配，后一种称为外延性错配（张建华和邹凤明，2015）。

第二，资源配置扭曲对全要素生产率的影响。理论层面讲，关于资源错配影响全要素生产率和经济增长的分析早期主要基于垄断竞争假设构建的分析框架。随着实证研究的兴起，评估资源配置扭曲造成的经济效率损失逐渐成为学者们关注的焦点。Syrquin（1986）将全要素生产率的增长分解为行业层面 TFP 的增长和要素配置效率的改善，后来很多学者的研究都是对 Syrquin（1986）分析框架的延伸和扩展。陈永伟和胡伟民（2011）综合传统核算框架和 Syrquin 分析框架，讨论了我国特定制度对要素配置扭曲的影响，其研究发现，不同制造业间的资源错配大约造成了15%的产出缺口。Hsieh 和 Klenow（2009）在 Melitz（2003）、Restuccia 和 Rogerson（2008）的研究基础上，使用标准垄断竞争模型的分析框架比较分析了中国、印度和美国制造业的资源配置差异，发现中国和印度存在较为严重的资源错配问题。如果中国制造业的资源配置水平与美国齐平，那么中国生产率水平提高 30%～50%。杭静等（2021）在 Hsieh 和 Klenow（2009）的分析框架下引入产能利用率和企业动态决策行为，发现在考虑了产能利用率的情况下，中国资源错配程度低于 Hsieh 和 Klenow（2009）的测算结果。

但与 Syrquin（1986）、Hsieh 和 Klenow（2009）考察行业内资源配置扭曲对全要素生产率的影响不同，Aoki（2008）构建了一个跨部门均衡模型评估了发达国家间资源配置扭曲水平，发现部门间资源配置扭曲并不是发达国家间全要素生产率差异的原因。Bartelsman et al.（2008）结合 Olley

(1996) 提出的分析框架，构建了理论模型对跨国生产率差异进行分析，发现市场扭曲导致的资源配置效率损失是解释各国生产力差异的重要原因之一。Bartelsman 等 (2013) 进一步拓展了资源配置扭曲影响全要素生产率的分析框架，发现扭曲可能通过资源配置效应和企业选择效应影响产出和福利水平。随着相关研究的不断深入，学者们开始关注所有潜在因素对要素配置效率的影响。

第三，土地资源配置扭曲对全要素生产率的影响。长期以来，由于地方政府干预资源配置造成了严重的资源配置扭曲问题（韩剑和郑秋玲，2014；靳来群等，2015）。目前，我国土地资源配置扭曲问题非常严重。地方政府“两手”供地策略不仅导致了土地资源配置扭曲，还通过抑制技术进步对全要素生产率产生负面影响（张少辉和余泳泽，2019）。宫汝凯（2015）发现，土地财政规模扩大显著促进了房价上涨，并且这种促进作用随着财政分权的扩大增强。由于房地产业生产率水平远低于其他行业，所以房地产业快速发展就会不断增加整体经济中低效率产业比重，进而加剧资源配置扭曲（陈斌开等，2015）。李汝资等（2020）发现土地财政扩张对中国城市全要素生产率有显著负面影响，其作用机制是：土地财政规模扩大不仅通过抑制技术进步阻碍全要素生产率提升，还通过房地产投资引发的“挤出效应”和房价上涨引发的“成本效应”对全要素生产率产生负面影响。

在制造业中，地方政府通过行政干预低价出让工业用地会对辖区内工业企业的全要素生产率产生显著负面影响（张莉等，2019）。另外，地方政府为了发展经济大量进行开发区建设，并主要使用低价或零地价招商引资，使得生产工艺简单、技术装备落后的产能在开发区过度集中，挤占高新技术产业的生存空间，从而对开发区整体生产效率产生负面影响（Du 和 Peiser，2014；李力行等，2016）。

(2) 地方政府干预土地资源配置与产业结构

因为地方政府对于工业用地和商业用地采取不同出让方式和价格，所以对两个产业发展有不同影响，进而影响产业结构变迁。一方面，在经济增长目标导向下，地方政府往往选择市场化程度较低的协议方式出让工业用地，由此促进了工业快速扩张（蒋震，2014），并对产业结构升级产生了抑制作用（曹广忠等，2007；张平等，2011；邹薇和刘红艺，2015；李勇刚和王猛，2015；赵祥和曹佳斌，2017）；另一方面，地方政府“以地引资”的行为在拉动工业经济快速扩张的同时，也吸引劳动力流入，促进商业和房地产业繁荣，进而带动第三产业发展，所以“以地引资”并不必然对产业结构升级产生抑制作用。另外，田文佳等（2019）发现，地方政府低价出让工业用地补贴工业的效率较低，所以对地区工业发展的作用并不显著。相反，在土地财政目标导向下，土地价格快速上升和房地产业繁荣会吸引原本应当投入到制造业中的资源，对制造业投入产生负面影响，进而使得工业占比的峰值提前到来，过早产生去工业化效应（周彬和周彩，2018）。而在第三产业内部，土地财政使得地方政府更倾向于发展房地产业而非生产性服务业，由此引发与房地产相关的消费性服务业快速扩张，导致“产业结构虚高”（郭志勇和顾乃华，2013）。邵朝对等（2016）发现土地财政扩张通过对城市基础设施建设的偏向性配置进一步固化产业结构刚性，抑制城市产业多样化发展。李勇刚和罗海艳（2017）发现土地财政对地区制造业和生产性服务业的发展有显著促进作用，但对消费性服务业和公共性服务业的影响很小。赖敏（2019）发现，地方政府“两手”供地策略通过抑制技术创新和扭曲财政支出结构阻碍产业结构升级。唐宇娣等（2020）发现，商业用地和工业用地价格差异与产业结构升级并不是简单线性关系，两者的关系受到经济发展水平影响，在经济发展水平较低时，商业用地和工业用地价格差异促进产业结构升级，但当地区经济发展水平跨越一定值后，这种影响效应将由正转负，继续扩大价格差异将会显著阻碍地区产业结构升级。另外，陶长琪和刘振（2017）发现土地财政对产业结构合理化发展有非线性影响，且在不同地区有显著差异。具体来说，在东部和中部地区，土地出让收益与产业结构合理化发展呈现倒U型变动关系；但在西部地区，土地出让收益增加对产业结构合理化发展有促进作用。陈淑云和曾龙（2017）发现土地低价竞争对产业结构升级存在显著的倒U型空间效应，当前，我国大多数城市处于倒U型关系的左半段。

(3) 地方政府干预土地资源配置与房价分化

中国房价总体上涨的同时，分化特征也很明显。刘诚和杨继东（2019）认为地方政府策略性供地加剧了房价上涨，其中，“招拍”方式出让比重越高、供地越少、供地越分散，房价上涨越快。韩立彬和陆铭（2018）认为倾向于中西部地区的土地供给是2003年之后房价在城市间分化的重要原因，他们的研究发现，土地供给越紧张，城市房价上涨速度越快。倪鹏飞（2019）认为土地和住房供需的空间错配导致城市间房价分化加剧，而宽松货币政策放大了土地供需对房价分化的影响。

（4）地方政府干预土地资源配置与技术创新

虽然土地财政在推进城镇化、完善基础设施等方面发挥了巨大正向作用，但对技术创新的负面影响也不容忽视。鲁元平等（2018）研究发现，土地财政通过以下3个渠道对技术创新产生负面影响：第一，在土地财政模式下，地方政府存在“重基建、轻创新”的支出偏好；第二，地方政府融资平台挤占企业创新投资；第三，土地财政对地区制度环境有显著负面影响。陶坤玉等（2010）发现，市场化程度更低的协议和挂牌出让方式导致土地违法案件数量增加和涉案面积上升，而“招拍挂”出让制度的强制实行一定程度上对土地违法有限制作用。毛文峰和陆军（2020）发现，一个城市协议出让土地面积占比越高，其创新创业质量越低，且这一关系在中西部区域的中小城市更为显著。

（5）地方政府干预土地资源配置与经济增长

在“政治锦标赛”的制度激励下，因为地方政府在征地和出让过程中对土地资源配置具有重要决策权，所以“以地谋发展”的发展模式受到地方政府青睐（曹广忠等，2007）。长期以来，土地出让逐渐成为推动地区经济增长的主要动力之一（孙秀林和周飞舟，2013）。杜雪君等（2009）发现土地财政对经济增长有显著正向影响，具体机制是：土地财政增加地方政府的收入和支出，进一步通过增加固定资产投资促进地区经济增长。王贤彬等（2014）构建了一个刻画地方政府出让土地、投资基础设施建设和主导经济增长三者关系的一般均衡模型，发现地方政府通过策略性出让土地不仅实现了土地出让收入最大化目标，还将土地出让收入投入到公共基础设施建设中，从而推动了地区经济增长。葛扬和钱晨（2014）发现，地方政府土地出让收入每增加一个百分点，经济增长就会加快0.173个百分点。刘凯（2018）运用反事实分析方法发现，相较于土地非公有制的发展中国家，我国当前的土地制度使得经济增速加快接近50%。沈坤荣和赵倩（2019）认为，土地财政衍生的金融功能使地方政府收支更加灵活，间接推进我国工业化和城镇化进程，进而促进经济长期增长。闫先东和张鹏辉（2019）发现，土地财政对宏观经济的波动具有放大效应，而地方政府对土地财政依赖会进一步放大该效应。杨继东等（2019）发现，相比非国有企业，规模大、效率高、缴税多的国有企业有更高的概率通过协议出让的方式低价拿到土地。刘元春和陈金至（2020）认为地方政府通过土地抵押的杠杆效应突破信贷约束，有效缓解地方经济快速发展阶段的资金约束压力，使得我国工业发展呈现“规模大、速度快、后劲足”的特点。

2.2 关于城市土地出让市场化相关的研究进展

2.2.1 城市土地市场化改革的制度变迁

(1) 改革动力

新制度经济学理论提出，制度变迁的内在动力来源于相关主体为了获得现行制度安排下无法获取的外部利润。由此可以推出，当制度变迁能给主体带来的额外收益大于成本的时候，新的制度可能被主体创造和实施。改革开放以来，随着城市化进程的加快，大量人口集聚城市，使得城市土地要素的价值不断提升。而计划经济体制下统一分配土地资源的做法无法体现城市土地资源的真实价值，导致了城市土地资源的浪费，并对耕地资源保护形成巨大压力。在这种情况下，城市土地市场化运营成了提高土地资源配置效率的有效途径（翟伟和王溪若，2004）。除此之外，王青等（2007）认为，土地市场发育为地方政府筹集城市建设资金提供了很好基础。对于中央政府而言，土地市场发育可以提高土地资源的利用效率，缓解中央政府与地方政府在财政方面的矛盾；对于地方政府而言，土地市场发育可以解决地方财政压力，推动地方经济发展。由此可以看出，城市土地市场化改革的动力来源于利益驱动，在我国从计划经济向市场经济过渡的大背景下，各级政府的目标函数对于市场化改革的推进具有重要的影响（牟燕，2013）。

(2) 主体行为

主体行为是指在一定的制度环境约束下，相关利益主体为了自身利益的最大化对外部制度环境作出的反应（牟燕，2013）。在土地市场化改革的推进过程中，提高土地资源使用效率并不是中央政府的唯一目标。事实上，在一段时间内，土地供应成为我国调控宏观经济的一种重要辅助手段，中央政府通过控制土地供给配合财政政策与货币政策对宏观经济进行调控（靳相木和杨翠迎，2005），一定程度上削弱了土地市场化改革政策的稳定性和连续性。

对于地方政府而言，分税制改革使地方政府成为一个相对独立的利益主体。在土地市场化改革过程中，地方政府不仅担当着“第一行动集团”的角色，还在土地市场上身兼土地产权的事实主体①、管理主体和市场主体等多

① 此处的产权主体是指事实上的所有权主体。虽然我国宪法规定，城市土地的所有权属于国家，但由于地方政府负责具体的土地出让工作，所以形成了事实所有权（黄砺和张梁，2014）。

重身份，所以在执行土地市场化改革政策的时候必然会兼顾自身利益诉求，表现为对中央政策的屈从或博弈。从这个意义上讲，中央政府推行的土地市场化改革政策并不必然成为地方政府的自觉行为（刘小玲，2005）。当地方政府的利益诉求与中央的改革政策目标一致的时候，地方政府才会推进土地市场化改革，反之，则可能阻碍土地市场化改革（曲福田和石晓平，2002；盖凯程和李俊丽，2009）。

已有研究发现，城市地方政府推进土地市场化改革主要受到两个不同方向的激励，分别是缓解财政压力的激励和推动地区经济增长的激励。当面临较大经济增长压力时，地方政府倾向选择非市场化出让方式低价出让土地，以此吸引制造业投资和促进地区经济增长，但阻碍了城市土地市场化改革；当面临较大财政收入压力的时候，地方政府倾向于选择市场化出让方式高价出让土地，以此实现缓解财政压力的目标（Liu 和 Lin，2014；He et al.，2016），也促进了土地市场发育（贾康和梁季，2015；李隆伟和郭沛，2015；Liu et al.，2016）。虽然两种观点都有一定的合理性，但实证研究更多地支持了财政压力说。谢贞发和朱凯容（2019）认为，因为低价出让土地的行为在不同地方政府之间存在学习和模仿效应，使得这一策略基本无效，所以推动地区经济增长的激励对地方政府的出让行为影响有限。另外，用协议等市场化水平较低的出让方式吸引的投资质量往往较低，并且还会导致过度投资和产能过剩问题，所以对地区经济增长的作用也不明显（杨其静等，2014）。

与财政压力说不同，牟燕和钱忠好（2018）研究了省级层面地方政府的土地出让行为，发现地方政府的土地财政依赖度与土地市场化水平呈现倒U型变动关系：当土地财政依赖度小于临界值时，地方政府倾向于增加“招拍挂”出让土地的比例，从而促进土地出让市场化水平的提高；但当财政收支压力超过临界值时，为了防范过高的土地财政依赖引发的财政、金融风险，地方政府会控制采用“招拍挂”出让土地数量，从而减缓城市土地出让市场化改革进程。

2.2.2 城市土地出让市场化水平测度

因为中央政府和省级政府对城市年度出让面积有严格管理程序和制度，使城市地方政府改变年度出让面积的做法很难实施（杨其静等，2014），所以城市地方政府对土地出让干预主要通过选择不同出让方式的形式实现。基于此，通过比较分析地方政府出让方式的差异是评估地方政府干预土地资源配置的一个可靠办法（王媛和杨广亮，2016）。当然，这一思路也适用于评估城市土地出让市场化水平。

围绕土地出让市场化水平的评估，已有文献取得了丰硕成果，总体来看主要形成了以下的 4 种评估方法。

（1）从市场化内涵出发的多维度评价方法

曲福田和吴郁玲（2007）从出让机制、政府干预度、价格形成机制和竞争机制等方面评估了江苏省开发区的土地市场发育水平，并研究了土地市场发育对土地集约利用的影响。他们发现，土地市场化水平提高促进了土地资源有效利用。赵珂等（2008）从土地交易、土地金融、企业投资和竞争水平 4 个维度构建了评估土地市场化水平的指标体系，并使用这一评价指标评估了东、中、西 3 个地区的土地市场发育水平，他们发现，中国土地市场发育水平与经济发展水平并不一致，东部地区的土地市场化水平并不比中、西部地区高，原因是中央政府的强制性制度变迁改变了土地市场梯度发展模式。总体来看，多维度评价方法对于刻画中国土地市场发育具有重要参考价值和启示意义，但也存在一些问题。首先，多维度评价方法累加不同指标的做法可能忽略了各参评分项间的乘数效应（赵雲泰等，2012）。其次，在地级市层面，多维度评价方法所需数据很难获取，使这一评估方法的可操作性大打折扣。

（2）宗数或面积占比测度方法

这一测度方法使用市场化出让方式（招标出让、挂牌出让和拍卖出让）的交易量占总交易量的比重表示土地出让市场化水平。在具体计算过程中，交易量分别使用交易宗数（王青等，2007；徐升艳等，2018）、交易面积（姜旭等，2019）。徐升艳等（2018）使用“招拍挂”宗数和面积占比测算了城市土地出让市场化水平，发现 2003 年以来我国城市土地出让市场化水平呈现快速上升趋势，尤其是 2007 年之后，城市土地出让市场化水平急剧上升，且在 2012 年之后，招拍挂出让的宗数和面积占比分别超过了 80%和 90%。张琳等（2018）认为，因为 2013 年及以后各省份的“招拍挂”出让宗数占比大多已达到 90%及以上，所以使用该方法评估的土地出让市场化水平的变化并不明显。除此之外，Cai et al.（2013）、张莉等（2013）、王媛和杨广亮（2016）的研究发现，相较于拍卖出让和招标出让，挂牌出让方式更易受到地方政府干预，所以将招标、拍卖和挂牌出让方式不加区分的做法无法全面和准确反映土地出让市场化水平的变动情况。

（3）价格比测度方法

张琳等（2018）认为工业用地市场化改革的目的就是促进工业用地价格向真实市场价值回归，所以他们使用工业出让价格与总体平均出让价格的比值表示市场化水平。因为比值测度法简洁明了，且数据获取较为容易，所以使用较为广泛，但这一方法的缺陷是没有考虑不同方式出让土地数量的影响，所以无法客观地评估城市土地市场化水平的整体变动情况。另外，使用这一方法还要综合考虑产业差异的影响。

（4）价格加权宗数或面积占比的测度方法

因为比值测度方法只考虑了交易量，忽略了地方政府在交易过程中对交易价格的干预，所以并不能全面反映市场机制在土地出让过程中发挥的作用。为了克服以上不足，学者们在占比测度法的基础上提出了价格加权修正宗数占比的评估方法（王青，2007；唐鹏等，2010；钱忠好和牟燕，2012；张辽和杨成林，2015；李尚蒲和罗必良，2016；赵爱栋等，2016；杨先明和李波，2018；徐升艳等，2018）。这一方法是在比重测度方法的基础上分别给每一种出让方式赋予一个权重进行修正，修正系数按照各种出让方式的出让价格与拍卖价格的比值确定。与价格加权修正宗数占比测度法相似，学者们还使用不同出让方式的平均价格作为权重对面积占比法进行修正，称为实际—理想价款比值法测度法。因为出让面积乘以出让价格等于出让总收入，所以价格修正面积占比法实质上计算了实际获得收入与完全市场化情况下获得收益的比值（赵雲泰等，2012）。

在使用价格加权宗数或面积占比的测度方法计算的过程中，由于 2009 年以后《中国国土资源统计年鉴》不再分别单独罗列招标、拍卖、挂牌出让面积和价款，所以无法确定“招拍挂”总量统计中每一种出让方式的面积和平均价格，学者们只能退而求其次地假设招标、拍卖、挂牌 3 种出让方式之间不存在差异，进而可以使用 3 种出让方式的加总数据评估城市土地出让市场化水平。

在已有文献中，钱忠好和牟艳（2012）使用价格加权宗数占比的方法测算了 2003—2008 年我国省域土地出让市场化水平，发现样本期内我国土地出让市场化水平稳步升高。与钱忠好和牟艳（2012）的结论不同，张辽和杨成林（2015）发现我国土地市场化水平在样本期内首先上升，然后下降，如果将土地市场指数折算成 0～1 的指数，土地出让市场化水平从 2003 年的 0.279 5 上升到 2008 年的 0.441 3，然后下降到 2012 年的 0.335 4，整体呈现倒 U 型变化趋势。赵爱栋等（2016）发现，2007—2013 年，我国工业用地市场化水平与地区经济发展水平相一致，总体上逐年提高，具体表现为东部地区最高，中部次之，西部最低，其中，中、西部地区较低的原因是缺少持续推进市场化改革的内生动力。

2.3 关于城市土地出让市场化影响经济增长的研究进展

经济增长理论指出，影响经济增长的因素众多，且在不同地区和经济发展的不同阶段，各个因素的重要性有所不同。总体来看，要素投入、资源配置效率、产业结构变迁、技术进步等因素对经济增长具有重要影响，其中，要素投入主要作用于经济的短期增长，而要素配置效率、产业结构变迁、技术进步通过影响全要素生产率对经济增长具有长期影响（Romer，1996）。因此，关于城市土地出让市场化影响经济增长的研究进展的归纳主要从以下5个方面展开。

2.3.1 城市土地出让市场化对资源配置效率的影响

土地市场化改革的主要目标之一就是提高城市土地利用效率，但改革实施的效果并未得到一致的认可。Ding（2003）提出了土地市场化改革促进土地利用效率提升的作用机制，但没有实证检验。王克强等（2013）发现，采用市场化方式出让的土地的产出弹性较高，所以土地市场化改革提高了土地利用效率。Tu（2014）以杭州市为样本研究了工业用地公开出让政策对土地利用效率的影响，发现工业用地公开出让政策对土地利用效率的作用并不显著，原因是地方政府干预土地出让程序。Du 和 Peiser（2014）发现土地市场化改革使地方政府囤积土地的面积显著增加。赵爱栋等（2016）发现，工业用地市场化改革对土地利用效率的积极作用只在中部和西部地区显著，而在东部地区并不显著。Du et al.（2014）以北京市为样本研究了土地出让市场化改革对地区土地价格、空间布局的影响，发现土地市场化改革通过提高投资密集度和经营管理水平促进了土地利用效率提升。周方伟和杨继东（2020）使用工业用地出让数据与工业企业微观数据研究了土地市场化改革对土地资源配置效率的影响，发现土地市场化改革促进了土地资源配置效率提升，具体作用机制是：土地市场化水平提高限制了地方政府对土地资源配置的干预，规范了地方政府的出让行为，进而提高了土地配置效率。异质性分析发现，增长压力和财政压力越大，土地市场化改革对土地配置效率的提升作用越大。

土地出让市场化除了影响土地利用效率之外，还通过融资效应、选择效应、门槛效应引导市场主体优化要素组合，改善其他要素配置效率。杨先明和李波（2018）发现：一方面，土地出让市场化通过提高企业融资能力、产业集聚水平与企业创新能力显著减少企业退出风险；另一方面，土地出让市场化产生的选择效应和门槛效应引导资源从低生产率企业向高生产率企业转移，实现了资源配置效率提升。

除此之外，土地出让市场化改革对能源环境也有影响。许恒周等（2013）发现土地市场化水平提高显著降低碳排放水平，平均来说，土地市场化每提高 1 个百分点，碳排放量减少 1.528 个单位。Sun et al.（2019）发现工业用地市场化与工业污染排放之间呈现倒 U 型变动趋势，具体的影响机制是：工业用地市场化水平较低的时候，地方政府可以通过增加土地供应减小工业用地市场化对工业投资的不利影响，从而加重工业污染排放；但当工业用地市场化超过一定水平后，工业用地市场化的技术进步效应和结构优化效应就会对污染物排放产生抑制作用。

2.3.2　城市土地出让市场化对产业结构的影响

已有研究发现，土地市场化改革限制地方政府对工业用地干预，不仅使工业用地价格上涨，还对要素投入组合、生产技术、组织形式、产品结构的同步发展具有升级压力。因此，工业用地市场化水平提高促进了工业产业结构的优化升级（黄金升等，2017；张琳等，2018）。相较而言，关于土地出让市场化对地区产业结构产生影响的研究较少。姜旭等（2019）发现：一方面，土地出让市场化降低第二产业用地比重的同时还增加第三产业用地比重，减弱工业相对于服务业的竞争力，进而对产业结构高级化发展有显著促进作用；另一方面，土地出让市场化提高了土地出让价格，对地区制造业发展产生“挤出效应”，不利于产业结构合理化水平提高。Lu et al.（2020）以 2004—2016 年中国的 30 个省级行政区为样本，研究了土地出让市场化对产业结构合理化的影响，发现土地出让市场化对我国省域产业结构合理发展产生显著抑制作用。

2.3.3　城市土地出让市场化对技术创新的影响

赵爱栋等（2016）研究了 30 个省份工业用地价格市场化对工业技术创

新的影响后发现，长期来看，工业用地价格市场化促进了能源与物质资本节约型和知识资本使用型技术的使用，但土地节约型技术进步特征仅在东部地区得到支持，在全国层面和中西部地区都不显著。在实证过程中，赵爱栋等（2016）以工业用地价格直接表示工业用地市场化水平的做法具有一定合理性和创新性，但同时也会产生不同城市土地出让市场化水平不可比的问题，所以得出的结论可能存在较大误差。龚广祥等（2020）发现，土地市场化水平提升通过改善要素市场扭曲、优化营商环境和缓解融资约束对区域技术创新产生正面影响。进一步研究发现，土地市场化对技术创新的影响在不同区域、不同行政级别的城市存在显著差异。分地区看，土地出让市场化对技术创新的正面影响只在东部城市显著；分城市行政级别看，土地出让市场化对技术创新的正面影响只在普通地级市显著；按照有无国家级高新区看，城市土地出让市场化对技术创新的正面影响只在有国家级高新区的城市显著。在实证检验过程中，因为城市层面的要素市场化指数和地区营商环境指数无法获取，所以他们使用省级相关数据替代，但这种做法值得商榷。

2.3.4 城市土地出让市场化对全要素生产率的影响

因为资源配置效率、产业结构变迁和技术创新对全要素生产率具有重要影响，所以学者们还研究了城市土地出让市场化通过作用于资源配置效率、产业结构变迁和技术创新对全要素生产率的影响。Lu et al.（2020）发现，整体来看，土地出让市场化和产业结构升级促进了我国绿色全要素生产率提升；分地区看，土地出让市场化对绿色全要素生产率的影响在西部最大，中部次之，东部最小。另外，他们发现土地出让市场化分别与产业结构合理化和产业结构高级化的交互作用显著抑制我国绿色全要素生产率的提高。姜旭等（2019）发现，虽然土地出让市场化通过抑制产业结构合理化发展对绿色全要素生产率的提升有负面影响，但土地出让市场化通过促进产业结构高级化发展对绿色全要素生产率产生的正面影响更大。所以，整体来看，土地出让市场化促进了绿色全要素生产率提升。

2.3.5 城市土地出让市场化对经济增长的影响

关于城市土地出让市场化影响经济增长的研究主要是一些实证研究，相对缺乏一个统一的分析框架，对于影响机理的分析也不够深入。李尚蒲等（2017）发现，土地市场化能够体现土地的真实市场价格，并通过增加土地出让收入和抵押收入扩大城投债发行规模。龚广祥和朱月季（2020）发现土地市场化能够显著缓解企业融资约束，尤其对于行政级别低、财政缺口轻的东部地区企业的作用更强。另外，从企业所有制特征来看，土地市场化更能缓解民营企业的融资约束。徐升艳等（2018）发现，土地出让市场化不仅通过增加城市融资规模促进投资规模扩大，还通过价格机制引导市场主体优化要素组合，实现资源配置效率提升，从而整体上促进城市经济增长。

2.4　文献评述

毋庸置疑，已有的文献对城市土地资源配置影响经济增长的相关研究进行了有益探索，也为本书研究奠定了坚实基础，仍存在不足。

第一，关于土地出让市场化水平测度，多数研究受宏观数据限制，没有将招标、挂牌、拍卖3种出让方式进行区分，但 Cai et al.（2013）、王媛和杨广亮（2016）发现，与拍卖和招标出让方式相比，挂牌出让方式更容易受到地方政府干预，市场化水平明显低于其他两种出让方式，所以对3种出让方式不加区分的做法存在高估城市土地出让市场化水平的偏误；即便少数文献对招标、挂牌、拍卖3种出让方式进行了区分，也面临着样本空间太大（钱忠好和牟燕，2012）和样本期太短（Liu et al.，2016）的问题。因为已有文献不能准确刻画城市土地出让市场化水平，所以导致相关研究结论存在较大偏误。

第二，已有的文献主要关注城市土地出让市场化对资源配置效率（杨先明和李波，2018；周方伟和杨继东，2020）、产业结构升级（姜旭等，2019；Lu et al.，2020）、技术创新（赵爱栋等，2016；龚广祥等，2020）、全要素生产率（姜旭等，2019；Lu et al.，2020）的局部影响，对理论分析框架的构建不够重视。徐升艳等（2018）虽然讨论了城市土地出让市场化通过融资效应和资源配置效应对经济增长的影响，但以实证研究为主，尤其是尚未建立系统的分析框架，且忽略了对技术进步路径和产业层面结构优化路径的考察，导致其对作用路径的分析和实证并不全面。同时，徐升艳等（2018）在测算城市土地出让市场化水平的过程中没有对招标、挂牌、拍卖3种出让方式进行区分，这不仅无法准确反映城市土地出让市场化水平真实的变化情况，还增大实证研究误差。

第三，已有的研究没有对土地出让市场化与土地财政进行区分和控制

（张良悦等，2013；徐升艳等，2018）。事实上，因为土地财政同时影响城市土地出让市场化（严金海，2018）与经济增长（孙秀林和周飞舟，2013），所以不区分和控制土地财政的影响可能导致严重的估计偏误。

第四，已有研究只看到了协议出让方式在土地市场中产生的“局部均衡”效应，却忽略了“一般均衡”效应，所以得出的结论可能不够全面。例如，在城市年度建设用地规模一定的情况下，地方政府采用协议低价大规模出让工业用地的策略在促进工业经济快速增长的同时，可能挤压商用土地的供给，造成商用土地价格的攀升，进而通过增加生产成本对经济的运行产生影响。

第五，已有研究缺乏对土地出让市场化影响经济增长的异质性进行考察。因为我国不同地区经济发展水平和发展模式存在较大差异，所以研究中忽视地区异质性影响可能增大研究结论的不确定性。

第3章

城市土地出让市场化影响经济增长的理论分析框架

3.1 引言

已有文献分析城市土地出让市场化与经济增长关系时，忽略了理论分析框架构建，所以无法全面和系统刻画城市土地出让市场化影响经济增长的机理。为了全面和系统分析城市土地出让市场化对经济增长的影响，首先对核心概念进行界定，然后基于本书的研究问题，梳理和总结城市土地出让市场化与经济增长相关的基础理论，构建理论分析框架，厘清城市土地出让市场化影响经济增长的路径和机理，为后续实证研究提供理论基础。

3.2 城市土地出让市场化概念界定

为了定义城市土地出让市场化，首先需要明确市场化的概念和内涵。陈宗胜（1999）提出，市场经济就是利用市场机制调节资源配置的经济。所以，市场化就是市场机制从产生、发展到成熟的演变过程，具体表现为市场机制在资源配置中的作用持续增大的过程。但张曙光和赵农（2000）认为，上述定义有同义反复和以部分表征全体之嫌，他们认为自由交易是市场经济的基本行为规则，其对立面就是对自由交易行为的强制和干预。因此，他们认为市场化的本质就是经济自由化，即交易应该尊重交易双方当事人的权利，减少政府直接干预，在“一致同意”和“等价交换”原则的基础上形成交易。上述两种观点都有一定的合理性，但在评估市场化进程的实践层面，张曙光和赵农（2000）从减少强制和干预的视角定义市场化的操作性更强。

改革开放以来，随着我国从计划经济向市场经济过渡，城市土地市场化改革也随之启动。我国宪法规定，城市土地所有权属于国家，市场主体为了生产经营只能向国家购买土地使用权。与此同时，城市建设用地扩张也只能由地方政府出面向土地产权所有者征用。因此，我国城市土地市场化改革主要包括土地出让市场化改革和土地征用市场化改革。其中，土地征用市场化改革是指从计划经济时期的国家征收制度向市场调节的征用制度过渡的过程。土地出让市场化改革是指在地方政府出让土地的过程中，通过制度建设从计划经济时期的行政划拨向市场机制主导的出让机制过渡的过程。当前，由于数据可获性的限制，学者们对城市土地征用市场化相关问题的研究较少，主要从土地出让市场化视角评估城市土地市场化改革及其对经济社会的影响（钱忠好和牟燕，2012；Liu et al.，2016；徐升艳等，2018）。

目前，我国土地使用权交易初步形成了一级土地交易市场、二级土地交易市场和农地非农化交易市场，其中，一级土地交易市场是地方政府向土地使用者出让土地使用权形成的市场，主要交易方式有划拨、协议、招标、拍卖、挂牌、租赁和作价出资（入股）7 种；二级土地交易市场是一级土地交易市场的延伸，是指土地使用权主体把从一级土地交易市场上获取的土地使用权转让、转租或再转让和再转租的土地交易市场；农地非农化市场是指农村集体经营性建设用地出让、租赁、入股的土地交易市场。因为本书主要关注城市地方政府出让土地对经济增长的影响，所以农地非农化市场不在本书研究范围之内。另外，地方政府出让土地是在一级土地市场中交易，且学者们认为我国二级土地市场的发育情况趋于完善（钱忠好和牟燕，2012；张辽和杨成林，2015）。因此，二级土地交易市场也不在本书研究范围之内。

综上可知，城市土地出让市场化是指在城市土地使用权交易的一级市场中，通过一系列经济、社会及法律制度约束、减少地方政府在土地出让过程中对土地资源配置干预，尤其是保障土地使用权的需求者自由选择交易的权利，不断强化市场化出让方式运行的制度建设与制度实施，从而提高市场化出让方式比重的过程。

另外，已有文献没有对土地出让市场化与土地财政进行区分，少数文献还将土地出让市场化等同于土地财政，不仅造成理论分析模糊不清，还导致实证研究中忽略了对土地财政影响的控制。

目前学术界从两个角度定义土地财政。其中，狭义的土地财政是指地方政府出让土地使用权获得土地出让收入（陈国富和卿志琼，2009；雷根强和钱日帆，2014；文雁兵，2015）；广义的土地财政是指地方政府通过土地运作获取财政收入（王克强等，2012），其中，财政收入既包括了与土地相关的税收收入和非税收收入（李尚蒲和罗必良，2010），也包括了与土地相关的预算内收入和预算外收入，如土地抵押的融资收入（杨圆圆，2010）。受数据可得性限制，实证研究中主要使用狭义土地财政的统计数据，但从实际情况来看，土地财政应该从广义的角度理解和评估（陈英楠等，2017）。

从土地出让市场化与土地财政的概念内涵来看，两者既有区别又有联系。首先，土地出让市场化机制为地方政府根据外部条件选择合适的组合策略实现土地财政目标提供了制度基础和工具（严金海，2018）。例如，地方政府可以选择减少商用土地供应面积与市场化出让方式的组合提高商用土地出让收入，这不仅有利于实现土地财政目标（王媛和杨广亮，2016），还可以减少对工业用地指标的占用，增加工业土地供给数量，减小工业土地出让市场化对工业发展冲击，从而更好平衡工业经济增长目标和财政收入目标的矛盾。其次，土地财政体现的是地方行政力量对土地资源配置的干预，而土地出让市场化主要通过法律制度规范和限制行政力量对土地资源配置的干预，体现的是市场机制配置土地资源不断强化的过程，因此两者目标必然不同。对地方政府而言，选择不同出让方式只是实现土地财政的一种策略，除此之外，地方政府还可以通过选择供给土地的地理位置、分散程度以及用途等方式实现土地财政目标（Wang et al.，2016；刘诚和杨继东，2019）。甚至在某些情况下，地方政府为了实现土地财政目标可能阻碍土地出让市场化改革。刘诚和杨继东（2019）发现，当面临较大增长压力时，地方政府倾向于选择市场化水平较低的挂牌方式集中供地，而这不利于城市土地出让市场化水平提高。

3.3　城市土地出让市场化影响经济增长的理论基础

3.3.1　制度变迁理论

本部分首先回顾制度、制度变迁等基础概念的内涵和功能，然后对制度变迁的约束、路径和动力相关的理论进行梳理。

（1）制度的定义

制度经济学派认为，制度是重要的，制度对于经济绩效的影响是无可争议的。然而制度的内涵是什么，不同的学者看法有所不同。Veble（1973）认为，制度就是社会关于某些关系或者作用的一般的、确定的习惯或状态。

Commons（1934）提出，制度是为了提高个体交易行为的可预期性而设置的一系列规则，他根据交易对象不同将交易分为管理的交易、买卖的交易、限额的交易 3 种类型。Coase（1960）继承了康芒斯关于交易费用的学说，认为制度是为了节省交易费用、稳定人们相互间行为预期的规则。North（1990）认为制度与人的行为之间存在相互影响，所以应该从博弈的视角理解制度，他在《制度、制度变迁与经济绩效》一书中指出：制度是一个社会的游戏规则，是为了决定人们的相互关系而人为设定的一些制约。制度分为正式制度和非正式制度。正式制度是指以正式方式加以确定和实施的规则，包括法律法规和规章制度；而非正式制度是人们自发形成，并在人们无意识的情况下所接受的行为规范，包括惯例、习俗等。柯武刚和史漫飞（2000）认为，制度可以定义为在特定条件下选择并影响人们相互关系的正式规则和非正式规则的总称。青木昌彦（Aoki，2001）认为，制度不仅是博弈的规则，更是博弈的结果，其本质上是对均衡博弈路径和固定特征的一种浓缩性表征，该表征被参与人感知，并随后影响他们的决策。综上所述，制度是在特定的环境下，通过博弈达成的约束特定经济主体的行为方式和相互关系的一系列规则，并且这个规则是动态变迁的。

（2）制度环境和制度安排

在新制度经济学中，对于制度的理解可以从制度环境和制度安排两个层次展开。制度环境是指一系列用来规范生产、交换与分配的基础规则，包括政治制度、经济制度、传统文化和伦理道德等。制度安排是支配人们之间行为规范的具体规则，与通常意义上“制度”的含义最为相近。制度环境与制度安排既有联系又有区别。首先，特定的制度安排必须依附于一定的制度环境，如果制度安排与制度环境不协调，则制度的作用很难得到有效发挥，甚至可能对社会的发展产生不利影响，这就是制度移植比技术移植难度更大的原因。其次，制度安排变动也可能引发相关制度改变，从而引起制度环境改变。最后，制度环境改变还会引致制度安排的变化，从而导致整个制度变迁。联系到中国土地制度，可以认为，土地制度作为一种制度安排主要由中国的制度环境决定，并随着制度环境的改变而调整。具体来说，在当前中国从计划经济向市场经济过渡的过程中，土地制度也应该从与计划经济相适应的制度安排向与市场经济相适应的制度安排转变。随着土地制度的转变，与土地制度相关的社保制度、就业制度和分配制度也应随之改变，由此形成土地制度与土地制度环境之间相互作用的反馈机制，进而引起土地制度环境的改变。

（3）制度的构成

制度由社会认可的非正式约束、国家规定的正式约束和制度的实施机制构成，其中，非正式制度是在人们长期交往中形成的，也是传统文化的重要组成部分。在未形成正式制度之前，人们之间的关系和行为主要受非正式制度约束，即使到了现代社会，虽然已经产生了很多正式制度，但人们的生活和生产活动仍然受到很多非正式规则约束，尤其是在一些正式制度无法发挥作用的空间，非正式制度的存在明显降低了交易成本。但是，如果一个社会中只有非正式制度，而没有正式制度，实施交易的成本就会随着交易规模的扩大急剧扩大，从而导致相对复杂和更大范围的交易无法实现。

正式制度主要包括政治制度、经济制度和法律制度等。一般而言，只有在设置一项正式制度的预期收益大于其成本的情况下，正式制度才可能被设计出来和实施。反之，如果一项正式制度的预期收益小于或等于其设计和实施的成本，则表明设计和实施此正式制度是无利可图的，那么，此正式制度不可能被设计或实施。

制度的第三个组成部分是实施机制。在一个相对简单的交易中，维持交易的成本相对较低，一些非正式的制度就可以很好地协调市场主体间的交易行为；但对一个相对复杂的交易而言，潜在交易成本很高，如果没有正式制度作为保证，非正式制度无法保障交易顺利实施。因此，只有国家出面制定相关的正式制度并强制实施才能促使交易发生。当然，国家建立制度实施机制存在委托代理问题，所以也无法保证制度得到有效实施。为了确保国家及其代理人为了自身利益不违反契约，国家必须作出可置信的承诺。

（4）制度变迁的方式

North（1973）认为，制度变迁是在一定的技术和社会条件约束下，新制度替代旧制度的过程。在这个过程中，制度变迁来源于当事人对具有更好绩效制度的需求。杨瑞龙（1998）考察了具有独立利益目标与拥有资源配置权的地方政府在我国经济体制改革中的作用，提出了“中间扩散型制度变迁方式”的理论假说。他认为，中国经济体制改革从改革之初的供给主导型制度变迁方式逐步向中间扩散型制度变迁方式转变，最终过渡到需求诱致型制度变迁方式，从而完成向市场经济体制过渡。周业安（2000）认为中国经济改革经历了政府逐步退出直接的制度创新领域及外部规则、逐步缩减作用范围的过程。事实上，在“需求-供给”的分析框架下，制度供给者与制度需求者可能在制度创新的不同阶段扮演着不同的角色，并且在制度变迁过程中可能发生角色转换，进而对制度变迁产生不同影响，并因此形成特定的制度变迁方式。

3.3.2 产业结构理论

产业结构理论可以分为传统产业结构理论和现代产业结构理论。传统产业结构理论主要分析三次产业占比的变动情况，而现代产业结构理论在继承传统产业结构理论的基础上，更加关注社会的供求变化和技术因素对产业结构的影响。

（1）传统产业结构理论

传统产业结构理论的思想最早来源于威廉·配第，他在强调劳动创造财富的同时，还注意到农业、工业和商业的收益差异逐步增大，并且这种产业间收益的差异会使劳动力从低收益产业向高收益产业转移（威廉·配第，1963）。之后，英国经济统计学家科林·克拉克在《经济进步的条件》一书中使用威廉·配第的三次产业划分依据对 40 多个国家的投入资料进行分析计算。他发现，随着经济发展，劳动力最初主要由第一产业向第二产业转移，然后再向第三产业转移。因为科林·克拉克用数据证实了威廉·配第的观点，所以学者们将这一规律称为“配第-克拉克定理”。

关于劳动力在三次产业间有序迁移的原因，克拉克分别从劳动生产率和产品需求差异两个方面进行解释。他认为农业劳动生产率的提高和大众对农产品需求的下降共同导致了农业富余劳动力出现，之后随着大众对工业品需求不断增加，劳动力不断从农业部门向工业部门转移，当大众对工业品需求趋向稳定后，整个社会对服务的需求增长速度就会加快。因为社会对服务业的需求增长速度快于服务业劳动生产率的增长速度，所以服务业规模不断增大，进而引发劳动力不断从第一产业和第二产业向第三产业转移。

与克拉克关注劳动力在不同产业间流动不同，Baumol（1967）使用一般均衡模型研究了产业结构变化与经济增长速度之间的关系。他发现产业结构升级与经济增长之间存在一定矛盾。因为服务业生产率的进步速度慢于制造业，所以只有更多的生产要素流向服务业才能保持服务业与制造业生产规模的相对平衡。也就是说，经济要实现均衡增长，总体经济增长速将会趋近于零的停滞状态（Baumol，1967）。此后，学者们在鲍莫尔创立的“效率-结构-速度”三者关系的分析框架下讨论产业结构与经济增长的关系。

受上述经济学家的影响，美国著名经济学家、统计学家西蒙·库兹涅茨（1971）研究了各部门的增长速度以及各部门在总产出中的比重变化发现：首先，人均收入水平提高会改变国内需求结构，进而引起产业结构变化；其次，国家间贸易往来改变各国出口产品结构，并引起国内产业结构变化；最后，生产工艺或技术变化也会引起产业结构变化。钱纳里与赛尔昆（1988）在继承库兹涅茨研究成果的基础上，选择27个指标定义了10个基本过程，提出了一个评估产业结构变迁的“标准结构”模型，为产业结构合理发展的评估奠定了基础，增强了结构分析方法对现实经济运行的解释力度，同时也为各国制定产业政策提供理论支撑。与钱纳里和赛尔昆（1988）关注产业的宏观结构变化不同，霍夫曼主要关注制造业中消费资料与资本资料的比例关系，他在《工业化的阶段和类型》中构建了“霍夫曼系数”，并使用该系数对20多个国家的工业化程度进行比较发现，随着经济发展，轻工业的比重逐渐下降，而重工业的比重则不断提高，最终重工业发展成主导产业。

通过以上梳理可以看出，传统产业结构理论主要关注产业结构变动及其对经济增长的影响，且都将发达国家的产业结构发展历程视作标准模式，并以发达国家的发展经验指导发展中国家。但在现实中，因为各个发展中国家面临的资源禀赋、文化传统和技术因素差异很大，所以使用发达国家的经验指导发展中国家的做法在实践上面临很多问题。

（2）现代产业结构理论

国内早期的学者将产业结构升级定义为产业结构合理化和高级化的动态调整过程（周振华，2014）。此后，学者们沿用这一定义从产业结构合理化和高级化两个方面分析和评价产业结构变迁。

产业结构合理化是指产业协调能力不断提高、产出结构与需求结构协调发展的动态过程，其本质是产业结构对市场需求变化的适应和调整过程。关于产业结构合理化的衡量标准主要有3个。

第一，产业间及产业内的比例是否协调。一个合理的产业结构可以使各行业、各部门更有计划性和组织性，从而有利于整体经济良好运行。具体而言，一个国家或地区不能忽视自身资源和经济发展基础的约束偏向发展某一个产业。同样，在工业内部，重工业和轻工业也应该协调发展，如果两者发展失调，不仅不利于工业发展，还会对国民经济发展产生不利影响。

第二，产业结构是否适应市场需求结构变化。在当今这个买方市场的时代，快速变化的需求结构在很大程度上主导产业结构变化趋势，所以产业结构根据需求结构变化进行调整的能力就非常重要。

第三，资源在产业间的配置是否合理。合理的产业结构意味着社会生产活动会根据自身资源禀赋和消费需求变化不断调整，使得有限资源得到充分利用，从而最大程度地满足社会需求。

产业结构高级化是指产业结构从低级状态向高级状态转换的过程。具体来说，产业结构高级化有以下特征。第一，产值结构的高加工度化和技术集约化，即初级产品在社会总产出的比重逐渐下降，产品逐渐从劳动密集型向资本密集型和技术密集型转换，这也意味着产值结构向高加工度和技术集约化转变；第二，就业结构高度化，具体表现为劳动力从第一产业不断向第二产业和第三产业转移，并且在这个过程中，技术工人的占比不断提高。

综上可以看出，产业结构高级化是产业结构合理化的目标，而产业结构合理化是产业结构高级化的前提，脱离了产业结构合理化的产业结构高级化就会产生经济“空心化”问题，不利于经济长期健康发展。因此，产业结构合理化和产业结构高级化共同决定了产业结构的升级。

3.3.3 经济增长理论

在早期农业社会，因为农业生产活动主要受到土地资源限制，所以经济活动与土地资源的关系成为经济学研究的一个重要问题。威廉·配弟（Willian，1963）提出的“土地是财富之母，劳动是财富之父”就是对土地限制劳动创造财富的体现。布阿吉尔贝尔（Boisguillebert，1984）认为农业是经济繁荣的基础，而土地是一切财富的根本。受古典经济学家的影响，马尔萨斯（Malthus，1992）提出了著名的“马尔萨斯陷阱”，指出人口增长速度受到土地生产力制约。与马尔萨斯不同，李嘉图（Ricardo，1962）认为土地资源并不存在绝对匮乏，只存在相对肥沃土地的匮乏，并且他还意识到生产技术在一定程度上可以替代土地资源，从而缓解土地资源的相对匮乏。

与古典经济学家认为土地和其他生产要素存在一定程度的替代不同，马克思（2004）认为资本是各种生产要素在资本主义生产过程中的具体体现，即在资本主义社会的生产过程中，生产要素都能够在特定条件下转化为资本，这一过程就是生产要素的资本化过程。从这个意义上讲，土地等生产要素只要满足可交易性和要素买方将要素用于资本主义生产方式下的生产过程两个条件，就可以实现生产要素的资本化，从而实现对资本的替代。

与古典经济学家认为土地和其他生产要素几乎不能被替代的观点不同，新古典经济学家认为，人类可以使用适当的机械和化学技术改变土壤性质，突破土地资源限制，由此，土地数量对经济增长的影响并不重要（Harrod，1949）。在上述思想的影响下，新古典经济学家对土地资源的关注不多。其中以索罗（Solow，1956）的新古典增长模型为代表，虽然在生产函数中没有明确包含土地这一生产要素，但土地对经济增长的贡献可以在“索罗余值”中体现。根据索罗的新古典增长模型，经济增长可以分解为劳动力、资本和“被忽略因素”3个部分的增长，而“被忽略因素”就包含土地、制度等生产要素。后来，“被忽略因素”被定义为全要素生产率。Massell（1961）将美国宏观TFP增长率分解为各部门加权增长率、资本和劳动要素在部门间流动带来的结构变化。他将前者定义为技术效应，后者定义为结构效应。在增长核算框架下，技术进步和结构优化都是促进TFP的重要途径，所以经济运行过程中影响技术进步和结构优化的因素都可以通过以上两个途径影响全要素生产率，进而对经济增长产生影响。

在新古典增长理论和内生增长理论框架下，决定经济增长的因素主要包括资本投入、要素配置效率和技术进步，因为在上述理论框架下，市场中行为人的信息是完备的，要素配置几乎达到了最优，所以经济的增长主要来源于技术进步和资本投入。但上述理论框架是建立在高度发达和有效市场的背景下，而现实中的市场多数是不完美的，尤其是对于中国和其他一些刚刚经历过或者仍然经历着从计划经济向市场经济转型的国家，市场化改革不仅直接促进资源的流动，提高了要素配置效率，还间接刺激投资增长，从而促进经济长期增长（Dawson，1998；Berggren，2003；Vega-Gordillo和ÁAlvarez-Arce，2003）。其中，市场化改革对投资的刺激作用体现在三个方面：第一，市场化改革推动的交易自由化对财产权利的保护降低了他人侵占财产的可能，保护了投资者利益；第二，市场化改革推动的交易自由化促进了金融信贷市场发展，为投资活动提供充足资金；第三，市场化改革推动的交易自由化提高了交易者潜在的资本回报率，从而促进投资者的积极性（Besley，1995）。

3.4　城市土地出让市场化影响经济增长的理论框架

从前文土地出让市场化概念可知，城市土地出让市场化就是城市土地使用权自由交易水平不断提高的过程。大量实证研究证实，生产要素自由交易水平提高对经济增长具有显著促进作用，尤其是对于中国和其他一些刚刚经历过或者仍然经历着从计划经济向市场经济转型的国家，市场化改革推动自由交易水平提高不仅直接促进资源流动，提高要素配置效率，还间接刺激投资增长，从而促进经济长期增长（Dawson，1998；Johansson，2001；Berggren，2003；Vega - Gordillo 和 Álvarez - Arce，2003；樊纲等，2011）。因此，借鉴上述研究，本书对城市土地出让市场化影响经济增长的分析主要从刺激投资和提升全要素生产率两个方面展开。

首先，为了更清晰地论述城市土地出让市场化对全要素生产率的影响机理，本书借鉴 Diewert（1976）、Griliches（1994）、蔡跃洲和付一夫（2017），设定如下生产函数

$$Y=A*F\ (X) \tag{3.1}$$

其中，Y 为产出，A 为全要素生产率，X 为生产要素投入，具体是指资本和劳动力投入。在公式（3.1）中，A 可以简写为

$$A=\frac{Y}{X} \tag{3.2}$$

令 $\dot{A}$、$\dot{Y}$、$\dot{X}$ 分别表示全要素生产率、产出和要素投入对时间的微分，对公式（3.2）取对数则有

$$\frac{dlnA}{dt}=\frac{\frac{dA}{dt}}{A}=\frac{\dot{A}}{A}=\frac{dln\frac{Y}{X}}{dt}=\frac{d\ (lnY-lnX)}{dt}=\frac{\frac{dY}{dt}}{Y}=\frac{\dot{Y}}{Y}-\frac{\dot{X}}{X} \tag{3.3}$$

假定生产函数报酬不变，且要素报酬等于其边际产出，则公式（3.3）可以改写为

$$\frac{\dot{A}}{A}=\frac{\dot{Y}}{Y}-\frac{\dot{X}}{X}=\frac{\dot{Y}}{Y}-\sum_j v_j\frac{\dot{X}_j}{X_j}=\sum_i w_i\frac{\dot{Y}_i}{Y_i}-\sum_j v_j\frac{\dot{X}_j}{X_j} \tag{3.4}$$

其中，公式（3.4）中的 w_i 和 v_j 分别代表各类产出和生产要素投入在总价值中所占份额，且满足以下要求

$$\sum w_i=\sum v_j=1 \tag{3.5}$$

其中，$w_i\geqslant0$，$v_j\geqslant0$。为了简化分析过程，此处只包括资本和劳动力两种要素，借鉴蔡跃洲和付一夫（2017）的做法，可以将公式（3.4）简化并拓展到各部门

$$\frac{\dot{A}}{A}=\frac{\dot{Y}}{Y}-\frac{\dot{X}}{X}=\frac{\dot{Y}}{Y}-(1-\beta)\frac{\dot{K}}{K}-\beta\frac{\dot{L}}{L} \tag{3.6}$$

$$\frac{\dot{A}}{A}=\frac{\dot{Y}_i}{Y_i}-(1-\beta_i)\frac{\dot{K}_i}{K_i}-\beta_i\frac{\dot{L}_i}{L_i} \tag{3.7}$$

其中，公式（3.6）和公式（3.7）中的 β 表示劳动产出弹性。假设各产业部门资本投入和劳动投入占总投入的比重分别设定为 $s_i^K=K_i/K$ 和 $s_i^L=L_i/L$，那么各产业要素投入变化情况和总产出增长率可以表示为

$$\frac{\dot{K}_i}{K_i}=\frac{\dot{K}}{K}+\frac{\dot{s}_i^K}{s_i^K}；\ \frac{\dot{L}_i}{L_i}=\frac{\dot{L}}{L}+\frac{\dot{s}_i^L}{s_i^L} \tag{3.8}$$

$$\frac{\dot{Y}}{Y}=\frac{\sum\dot{Y}_i}{Y}=\sum_i\left[\frac{\dot{Y}_i}{Y_i}*\frac{Y_i}{Y}\right]=\sum_i w_i\frac{\dot{Y}_i}{Y_i} \tag{3.9}$$

将公式（3.7）和公式（3.8）代入公式（3.9）可得

$$\frac{\dot{Y}}{Y}=\sum_i w_i\left\{\frac{\dot{A}_i}{A_i}+(1-\beta_i)\left[\frac{\dot{K}}{K}+\frac{\dot{s}_i^K}{s_i^K}\right]+\beta_i\left[\frac{\dot{L}}{L}+\frac{\dot{s}_i^L}{s_i^L}\right]\right\} \tag{3.10}$$

再将公式（3.10）代入公式（3.9）可得

$$\begin{aligned}\frac{\dot{A}}{A}&=\sum_i w_i\left\{\frac{\dot{A}_i}{A_i}+(1-\beta_i)\left[\frac{\dot{K}}{K}+\frac{\dot{s}_i^K}{s_i^K}\right]+\beta_i\left[\frac{\dot{L}}{L}+\frac{\dot{s}_i^L}{s_i^L}\right]\right\}-(1-\beta)\frac{\dot{K}}{K}-\beta\frac{\dot{L}}{L}\\&=\sum_i w_i\left\{\frac{\dot{A}_i}{A_i}+(1-\beta_i)\left[\frac{\dot{K}}{K}+\frac{\dot{s}_i^K}{s_i^K}\right]+\beta_i\left[\frac{\dot{L}}{L}+\frac{\dot{s}_i^L}{s_i^L}\right]\right\}-(1-\beta)\frac{\dot{K}}{K}\sum_i w_i-\\&\qquad\beta\frac{\dot{L}}{L}\sum_i w_i\end{aligned} \tag{3.11}$$

对公式（3.11）整理之后可得

$$\begin{aligned}\frac{\dot{A}}{A}&=\sum_i w_i\left\{\frac{\dot{A}_i}{A_i}+(1-\beta_i)\left[\frac{\dot{K}}{K}+\frac{\dot{s}_i^K}{s_i^K}\right]-(1-\beta)\frac{\dot{K}}{K}+\beta_i\left[\frac{\dot{L}}{L}+\frac{\dot{s}_i^L}{s_i^L}\right]-\beta\frac{\dot{L}}{L}\right\}\\&=\sum_i w_i\left\{\frac{\dot{A}_i}{A_i}+(1-\beta_i)\frac{\dot{s}_i^K}{s_i^K}-(\beta_i-\beta)\frac{\dot{K}}{K}+\beta_i\frac{\dot{s}_i^L}{s_i^L}+(\beta_i-\beta)\frac{\dot{L}}{L}\right\}\end{aligned} \tag{3.12}$$

其中，公式（3.12）右边可以分解为以下 3 个部分

$$\varphi_1=\sum_i w_i(\dot{A}_i/A_i) \tag{3.13}$$

$$\varphi_2 = \sum_i w_i [(1-\beta_i)\dot{s}_i^K/s_i^K - (\beta_i - \beta)\dot{K}/K] \quad (3.14)$$

$$\varphi_3 = \sum_i w_i [\beta_i \dot{s}_i^L/s_i^L - (\beta_i - \beta)\dot{L}/L] \quad (3.15)$$

将公式（3.13）、（3.14）和（3.15）整理后可得

$$\frac{\dot{A}}{A} = \underbrace{\varphi_1}_{\text{技术进步效应}} + \underbrace{\varphi_2 + \varphi_3}_{\text{结构效应}} \quad (3.16)$$

在公式（3.16）中，φ_1 大致反映技术变化影响，可以称为技术进步效应；而 φ_2、φ_3 反映了生产要素（资本和劳动力）在产业部门间流动对全要素生产率的影响，可以称为结构效应。为了简化模型推导过程，在公式（3.2）中假定生产要素只包含资本和劳动力，但从实际生产过程来看，公式（3.2）中还应该包含土地等其他生产要素。所以，公式（3.16）中的结构效应也应该包括土地要素的贡献。

综合上述分析和分解结果，可以认为，城市土地出让市场化对经济增长的影响可以进一步细化为 3 个路径，分别是结构效应对应的结构优化路径、投资扩张效应对应的投资扩张路径、技术进步效应对应的技术进步路径。以下关于城市土地出让市场化影响经济增长的理论分析按照以上 3 个路径分别展开。

3.4.1 结构优化路径

由于市场化对经济结构的影响不仅表现为微观层面要素配置效率的提升，还表现为中观层面要素在不同产业间流动引起的产业结构优化。为此，本书分别从要素层面和产业层面分析城市土地出让市场化的结构优化效应及其对经济增长的影响。

（1）要素层面的结构优化效应

为了更加清晰分析城市土地出让市场化对要素配置效率的影响，在借鉴 Melitz（2003）、Hsieh 和 Klenow（2009）理论模型的基础上，将土地作为生产要素加入 CD 生产函数中，具体如下

$$Y_{it} = A_{it} \cdot K_{it}^{\alpha_{it}} L_{it}^{\beta_{it}} \cdot M_{it}^{\gamma_{it}} \quad (3.17)$$

其中，i 代表行业；t 代表年份；Y 表示产出；A 表示全要素生产率，反映了除土地、资本和劳动力以外的其他因素对总产出的贡献；K 表示资本；L 表示劳动力；M 表示土地投入；α、β 和 γ 分别表示产出中资本、劳

动力和土地要素的贡献份额。假设生产函数规模报酬不变，即 $\alpha+\beta+\gamma=1$。

为了刻画城市土地出让市场化对资源配置效率的影响，本书借鉴 Hsieh 和 Klenow（2009）的做法，从资源配置扭曲的视角反映资源配置效率，即认为企业面临的要素市场存在资源配置扭曲，且以从价税的形式反映，同时假设产品市场不存在价格扭曲。在以上假设前提下，代表性企业的利润方程为

$$\pi_{it}=p_{it}Y_{it}-(1+\tau_{kit})\ p_{kit}K_{it}-(1+\tau_{lit})\ p_{lit}L_{it}-(1+\tau_{mit})\ p_{mit}M_{it} \tag{3.18}$$

其中，p_{it} 是产业 i 的综合价格水平，p_{kit}、p_{lit}、p_{mit} 分别是竞争性条件下行业 i 在时间 t 的资本、劳动力和土地的价格水平，τ_{kit}、τ_{lit}、τ_{mit} 分别表示行业 i 在时间 t 的资本、劳动力和土地的“扭曲税”。根据总产出等于每个行业产出之和，并假设社会最终产品是经济中的计价物，价格为 1，另外，假定土地要素的总量都是外生的，可以得到资源约束条件如下

$$Y_t=\sum_{i=1}^{N}p_{it}Y_{it},K_t=\sum_{i=1}^{N}K_{it},L_t=\sum_{i=1}^{N}L_{it},M_t=\sum_{i}^{N}M_{it} \tag{3.19}$$

根据公式（3.17）、（3.18）和（3.19），可得土地要素价格扭曲的竞争均衡解为

$$K_{it}=\frac{\frac{p_{it}\alpha_{it}Y_{it}}{(1+\tau_{k_{it}})p_{k_t}}K_t}{\sum_j\frac{p_{jt}\alpha_{jt}Y_{jt}}{(1+\tau_{k_{jt}})p_{k_t}}},L_{it}=\frac{\frac{p_{it}\alpha_{it}Y_{it}}{(1+\tau_{L_{it}})p_{L_t}}L_t}{\sum_j\frac{p_{jt}\alpha_{jt}Y_{jt}}{(1+\tau_{L_{jt}})p_{L_t}}},$$

$$M_{it}=\frac{\frac{p_{it}\alpha_{it}Y_{it}}{(1+\tau_{M_{it}})p_{M_t}}L_t}{\sum_j\frac{p_{jt}\alpha_{jt}Y_{jt}}{(1+\tau_{M_{jt}})p_{M_t}}} \tag{3.20}$$

在上述基础上，本书借鉴陈永伟和胡伟民（2011）的方法，定义体现资源使用成本绝对值信息的绝对扭曲系数以及体现资源使用成本相对信息的相对扭曲系数。假定行业 i 在时间 t 的资本、劳动力和土地的绝对扭曲系数 $\dot{\gamma}$ 和相对扭曲系数 $\hat{\gamma}$ 分别如下

$$\dot{\gamma}_{K_{it}}=\frac{1}{1+\tau_{k_{it}}},\ \dot{\gamma}_{L_{it}}=\frac{1}{1+\tau_{k_{it}}},\ \dot{\gamma}_{M_{it}}=\frac{1}{1+\tau_{M_{it}}} \tag{3.21}$$

$$\hat{\gamma}_{K_{it}}=\frac{\dot{\gamma}_{k_{it}}}{\sum_{j=1}^{N}(\frac{s_{jt}\alpha_{jt}}{\alpha_t})\dot{\gamma}_{k_{it}}},\hat{\gamma}_{L_{it}}=\frac{\dot{\gamma}_{L_{it}}}{\sum_{j=1}^{N}(\frac{s_{jt}\beta_{jt}}{\beta_t})\dot{\gamma}_{L_{it}}},\hat{\gamma}_{M_{it}}=\frac{\dot{\gamma}_{M_{it}}}{\sum_{j=1}^{N}(\frac{s_{jt}\gamma_{jt}}{\gamma_t})\dot{\gamma}_{M_{it}}} \tag{3.22}$$

其中，$s_{it}=p_{it}Y_{it}/Y_{it}$ 是均衡竞争环境下行业 i 在时间 t 的产值在整个经济中的产值份额，$\alpha_t=\sum_{i=1}^{N}s_{it}\alpha_{it}$，$\beta_t=\sum_{i=1}^{N}s_{it}\beta_{it}$ 和 $\gamma_{t}=\sum_{i=1}^{N}s_{it}\gamma_{it}$ 分别表示产出加权的资本、劳动力和土地的贡献值。根据公式（3.21）和公式（3.22），可得

$$K_{it}=\frac{s_{it}\alpha_{it}}{\alpha_t}\hat{\gamma}_{K_{it}}K_t,L_{it}=\frac{s_{it}\beta_{it}}{\beta_t}\hat{\gamma}_{L_{it}}L_t,M_{it}=\frac{s_{it}\gamma_{it}}{\gamma_t}\hat{\gamma}_{M_{it}}M_t \tag{3.23}$$

其中，$\frac{s_{it}\alpha_{it}}{\alpha_t}$ 表示资本有效配置时，行业 i 在时间 t 使用资本的理论比例，$\frac{s_{it}\beta_{it}}{\beta_t}$ 和 $\frac{s_{it}\gamma_{it}}{\gamma_t}$ 与之类似。

因为在市场扭曲环境下，收益生产率比自然生产率更能反映出企业的效率（Foster et al.，2008），所以本书使用收益生产率作为要素配置效率的衡量指标，收益生产率的计算公式具体如下

$$TFPR_{it}=A_{it}p_{it} \tag{3.24}$$

综合公式（3.17）、（3.23）和（3.24），可以得出资本边际收益产出（MRP_K）、劳动力边际收益产出（MRP_L）、土地边际收益产出（MRP_M）和收益生产率（$TFPR_{it}$）存在如下关系

$$MRP_K=\alpha_{it}\frac{p_{it}Y_{it}}{K_{it}}=\frac{\alpha_tY_t}{\hat{\gamma}_{K_{it}}K_t},\ MRP_L=\beta_{it}\frac{p_{it}Y_{it}}{L_{it}}=\frac{\alpha_tY_t}{\hat{\gamma}_{L_{it}}L_t},$$

$$MRP_M=\gamma_{it}\frac{p_{it}Y_{it}}{M_{it}}=\frac{\gamma_tY_t}{\hat{\gamma}_{M_{it}}M_t} \tag{3.25}$$

$$TFPR_{it}=\frac{1}{\alpha_{it}^{\alpha_{it}}\beta_{it}^{\beta_{it}}\gamma_{it}^{\gamma_{it}}}MRP_{k_{it}}{}^{\alpha^{it}}MRP_{L_{it}}{}^{\beta^{it}}MRP_{M_{it}}{}^{\gamma^{jt}} \tag{3.26}$$

根据公式（3.25）和公式（3.26）可知，土地要素的“扭曲税”影响土地边际收益产出和整个产业收益生产率，进而对资本和劳动产出效率也产生影响。相反，土地出让市场化限制地方政府对土地资源配置干预的冲动，降低土地要素价格扭曲水平（Du 等，2016；赵爱栋等，2016；周方伟和杨继东，2020），促进土地、资本和劳动力等生产要素的边际收益产出和整个产

业收益生产率提升，有助于降低资本和劳动力配置扭曲水平，从而促进经济增长。

另外，城市土地出让市场化还通过以下机制对要素配置效率产生影响。首先，市场化出让方式的竞争性定价机制具有筛选功能，可以保证最具竞争力的企业获得土地资源，限制低效率企业进入和扩大生产规模，从而有利于资本和劳动力的有效配置。王克强等（2013）发现，通过市场化出让方式获得土地的企业的土地产出弹性显著高于采用非市场化方式获得土地的企业，这表明市场化出让方式具有筛选功能。其次，市场化出让方式压缩寻租空间，减少寻租过程的“租金耗散”（rent dissipation），提高经济效率（陶坤玉等，2010；Cai et al.，2013），从而促进要素配置效率提升。最后，城市土地出让市场化改革推进的“地区声誉显示效应”激发企业家创新精神，促使企业家增加投入，减少对创新资金占用，提高企业创新能力，从而减小资本和劳动力配置扭曲（杨先明和李波，2018），有助于资本和劳动力配置效率提升。综上可得，城市土地出让市场化降低资本和劳动力配置扭曲水平，从而有助于经济长期增长。

（2）产业层面的结构优化效应

已有文献对产业结构变迁的考察主要从产业结构高级化和产业结构合理化两个方面展开（干春晖等，2011；甘行琼等，2020）。本书借鉴上述文献，也从以上两个方面分析城市土地出让市场化的结构优化效应及其对经济增长的影响。

第一，城市土地出让市场化通过产业结构高级化影响经济增长的理论分析

城市土地出让市场化限制地方政府对土地资源配置的干预，增强市场机制对产业结构升级的影响，进而对产业结构高级化产生影响。首先，城市土地出让市场化显现工业用地真实市场价值，促使工业土地价格上涨，因为工业对土地、资本和劳动力等要素成本变化非常敏感（Kolko，1999），所以工业用地价格上涨会削弱工业相对于服务业的竞争优势（傅东平和杨景院，2017；张琳等，2018），促进工业资源向收益更高的商业和服务业流动（夏方舟等，2014），抑制制造业扩张（李志翠等，2015；周彬和周彩，2018）。城市土地出让市场化不仅缓解了以制造业为主导产业的产业结构刚性问题，还促进服务业发展，从而推动产业结构高级化发展。其次，城市土地出让市场化推高整体土地价格水平，并在“预期成本效应”的助推作用下进一步推

高房价水平（邵新建等，2012），短期内会带动建筑业和相关制造业扩张。但从长期看，随着房价不断攀升，房地产及其相关服务业则会吸引更多资源投入，甚至造成部分制造业投资转向房地产及其相关服务业，在抑制制造业发展的同时，还促进第三产业规模扩张，由此促进产业结构高级化发展。

关于产业结构对经济增长的影响，因为不同研究选取的样本时期和样本空间不同，所以学术界并没有形成共识。但多数学者认为，因为我国第三产业对经济拉动作用小于第二产业，所以产业结构高级化发展抑制经济增长（于斌斌，2015；王弟海，2021）。综上可得，城市土地出让市场化通过促进产业结构高级化发展抑制经济增长，具体的作用机理如图 3.1 所示。

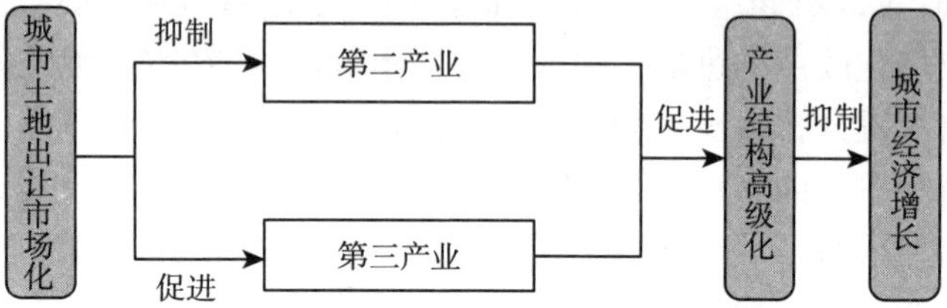

图 3.1　城市土地出让市场化通过产业结构高级化影响经济增长的机理图

第二，城市土地出让市场化通过产业结构合理化影响经济增长的理论分析

城市土地出让市场化通过两种不同路径对产业结构合理化产生影响。首先，城市土地出让市场化显现工业用地真实市场价值，促使工业土地价格上涨，缩小工业用地与商用土地价格差距，降低土地资源在工业和服务业间配置扭曲水平，不仅有益于制造业内部产业升级和优化，提升工业生产效率（张琳等，2018），还促进生产要素在工业和服务业间自由流动，实现资源高效配置和产业协调发展，进而促进产业结构合理化发展。其次，当城市土地出让市场化处于较高水平时，继续提高城市土地出让市场化水平不仅会推高整体土地出让价格，还会在“预期成本效应”的作用下加速房价上涨，增加企业生产成本。因为制造业对土地、资本和劳动力等要素成本变化的敏感性强于服务业（Kolko，1999；Duranton 和 Puga，2005），所以房价和要素成本上升对工业企业形成很大成本压力。工业企业为了生存只能选择“机器换人”，即用相对廉价的资本代替较为昂贵的劳动力，导致工业过度资本深化（陆铭等，2015），加剧就业结构与产出结构偏离，不利于产业结构合理化发展。与此同时，房价快速上涨不仅对工业投入产生“挤出效应”，导致过度、

提前去工业化的问题（周彬和周彩，2018；魏后凯和王颂吉，2019），还对研发和物流等生产性服务业投资产生“挤出效应”（郭志勇和顾乃华，2013；周彬和周彩，2018），抑制生产性服务业与工业互动，不利于产业结构合理化发展。

从上述分析可得出，城市土地出让市场化对产业结构合理化发展有两种截然相反的作用。当土地出让市场化水平较低的时候，土地出让市场化主要通过限制地方政府低价出让工业用地促进第二、三产协调发展。此时，城市土地出让市场化促进产业结构合理化发展。但当土地出让市场化达到较高水平时，土地出让市场化通过限制地方政府低价出让工业用地对产业结构合理化发展的促进作用较小，而通过推高房价和要素成本对产业结构合理化发展的负面影响较大，所以抑制作用此时居于主导地位，即此时提高城市土地出让市场化水平抑制产业结构合理化发展。综上所述，城市土地出让市场化与产业结构合理化发展呈倒 U 型变动关系。

已有文献证实，产业结构合理化发展有助于要素自由流动，增强产业间的互动，从而促进要素配置效率提升和经济增长（干春晖等，2011；于斌斌，2015）。但前文的理论分析表明，城市土地出让市场化并不总是有利于产业结构合理化发展。当城市土地出让市场化超过一定水平后，产业结构合理化发展水平随着土地出让市场化水平的升高下降，由此导致产业结构合理化对经济增长的促进作用逐渐减弱。

除此之外，城市土地出让市场化还会影响产业集聚特征。一方面，城市土地出让市场化抑制工业用地低价出让和规模扩张，减少产业的低水平重复建设和产业雷同问题，降低低端产业或特定行业的大规模集聚，有助于城市经济形成多样化集聚特征（曾龙等，2019）；另一方面，城市土地出让市场化推高整体土地价格水平，并在“预期成本效应”的助推作用下进一步推高房价水平（邵新建等，2012），使得特定类型的产业或缺乏竞争力的企业难以生存（张平和张鹏鹏，2016），从而不利于产业的多样化发展。因为我国不同城市在经济发展水平、产业结构和资源禀赋等方面差异较大，所以城市土地出让市场化对经济集聚特征的影响可能存在差异。

3.4.2　投资扩张路径

在以 GDP 增长率为地方官员的政绩考核指标引导下，地方官员推动辖区经济快速增长最有效和最直接的方式就是扩大基础设施投资。地方政府扩大基础设施投资不仅可以直接拉动经济增长，还可以依托高水平基础设施招商引资，带动私人投资，从而促进经济增长。但分税制改革以后，在地方财政收入没有相应增加的情况下，地方财政支出却在不断增加，使得地方政府根本无力承担不断扩大的基础设施投资，而土地出让市场化创造了一种类似于“资源发现”的经济机制，帮助地方政府解决基础设施投资资金紧缺问题（Yuan et al.，2019）。

一方面，地方政府凭借对城市土地使用权出让的控制，选择市场化出让方式高价出让土地，增强其从土地出让中汲取资金的能力。贾康和梁季（2015）计算发现，随着2003年土地市场化改革的加快，土地出让收入快速增长，其中，2003—2014年城市土地出让收入年均增速达到20.7%，2014年该收入达到42 940.3亿元。与此同时，土地出让收入占地方财政收入的比重快速升高，最高年份达到72%。因为土地出让收入并不直接纳入中央政府对地方政府的财政预算管理体系中，使得地方政府可以按照自己的目标相对自由地支配土地出让收入。地方政府主要将土地出让收入投入到城市基础设施建设中，不仅改善了城市基础设施，还带动私人投资扩张，并在短期内将基础设施显著地资本化到土地价格中，形成“土地出让与基础设施投资”相互促进为核心的城市建设投资模式，从而促进城市经济快速扩张（郑思齐等，2014）。

另一方面，土地融资规模也随着土地出让市场化水平提升快速增大。近年来，随着土地征收和拆迁成本的快速攀升，地方政府从土地出让中获得的净收益减少，直接出让土地的积极性降低。为了有效解决新型城市化引发的财政收支缺口问题，地方政府已经开始从“卖地赚钱”转向“以地融资”（文雁兵，2015）。而土地出让市场化不仅为土地资本化运作提供产权保证，还通过营造良好的市场交易环境促进“以地融资”的发展。贾康和梁季（2015）的研究发现，截至2013年年底，84个重点城市抵押土地的面积为40.39万公顷，抵押贷款总额为7.76万亿元，同比增长30%以上。2014年上半年的土地抵押贷款就超过了2013年全年，同比增长27%。之后的年均同比增速都在30%以上，远远超过了同期全国固定资产投资和社会融资规模的增长速度。由此可得，城市土地出让市场化促进了土地抵押融资（李尚蒲等，2017；Qin et al.，2016），带动了城市融资规模扩张，从而推动城市经济增长（徐升艳等，2018），并进一步通过改善城市生活质量推高土地价格，为地方政府持续开展更大规模的土地融资创造条件，形成经济增长和

“以地融资”之间自我强化的正反馈机制。

另外，土地不仅是地方政府筹集建设资金的主要资源，还是地方政府招商引资的重要筹码（周黎安，2007）。为了在招商引资中击败其他竞争者，地方政府通常以低价或零价供应工业用地（张莉等，2011），虽然短期可以拉动城市固定资产投资和工业经济增长，但在长期，因为以协议等非市场化方式吸引的投资往往技术装备水平和投资强度较低，且缺乏市场竞争力，所以对固定资产投资和经济增长的促进作用有限，甚至还有负面影响（杨其静等，2014）。而城市土地出让市场化改革在 2007 年明确要求工业用地必须采用“招拍挂”方式出让，这在短期内对招商引资和固定资产投资可能产生不利影响，但是长期影响有限。

综上可得，一方面，城市土地出让市场化促进土地资本化和土地融资，为城市建设筹集大量建设资金，进而通过推动城市固定资产投资扩张促进经济增长；另一方面，城市土地出让市场化限制地方政府“以地引资”的行为，短期内对城市固定资产投资产生抑制作用，但是长期影响有限。总体来看，城市土地出让市场化促进固定资产投资，从而有助于经济增长，具体作用机理如图 3.2 所示。

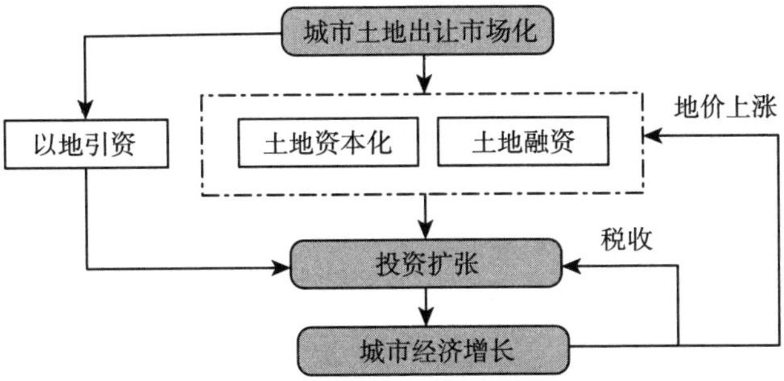

图 3.2　城市土地出让市场化通过投资扩张影响经济增长的机理图

3.4.3　技术进步路径

城市土地出让市场化主要通过规模效应、成本效应和制度环境效应影响技术进步。其中，土地出让市场化的规模效应是指实行市场化出让方式以后，土地价格整体上涨，地方政府土地出让收入和土地融资收入增加。地方政府将土地出让收入和融资收入投入到城市基础设施建设中，提高基础设施水平，加速信息和生产要素流动，促进知识和技术外溢，从而推动技术进步。与此同时，地方政府投资基础设施带动私人投资增加，扩大经济规模，创造出更多需求，提高企业投资回报率，刺激企业进行技术创新，从而有助于技术进步（程开明，2010）。成本效应是指城市土地出让市场化推高城市土地出让价格，并进一步通过“预期成本效益”推动地价和房价上涨，增加企业用地和劳动成本。短期内，企业可以通过调整要素投入组合缓解成本上升压力，但从长期看，要素成本上升只能通过技术进步解决（赵爱栋等，2016）。因此，生产成本上升迫使企业开发或引进土地节约型或劳动力节约型技术，从而促进相关技术的引进和研发，有助于技术进步（赵爱栋等，2016）。制度环境效应是指城市土地出让市场化限制企业寻租活动，为企业营造良好竞争环境，激发企业家的创新精神，促使企业增加对技术研发和引进的投入，提高企业技术创新能力，从而促进技术进步（杨先明和李波，2018）。

综上可得，城市土地出让市场化通过规模效应、成本效应和制度环境效应促进技术进步，从而有助于经济增长，具体作用机理如图 3.3 所示。

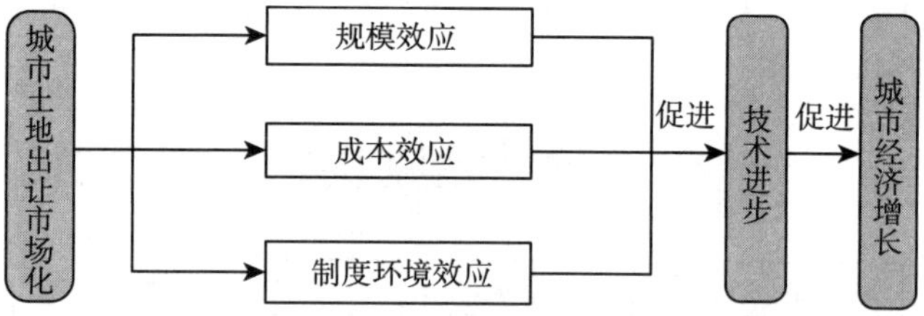

图 3.3　城市土地出让市场化通过技术进步影响经济增长的机理图

3.5　小结

以上的分析表明，城市土地出让市场化通过结构优化路径、投资扩张路径和技术进步路径影响经济增长。其中，结构优化路径表现为两个层面。在微观层面：城市土地出让市场化促进资本和劳动力流动，减小资本和劳动力配置扭曲，从而促进经济增长。在中观层面：一方面，城市土地出让市场化促进产业结构高级化发展，加速经济进入“结构性减速”通道的进程，抑制经济增长；另一方面，城市土地出让市场化通过影响产业结构合理化发展对经济增长有促进作用，但促进作用随着土地出让市场化水平提高逐渐减弱。投资扩张路径是：城市土地出让市场化促进土地资本化和土地融资，推动固定资产投资规模扩大，从而有助于经济增长。技术进步路径是：土地出让市场化通过规模效应、成本效应和制度环境效应促进技术进步，从而对城市经济增长有正面影响。城市土地出让市场化影响经济增长的具体作用机理如图 3.4。

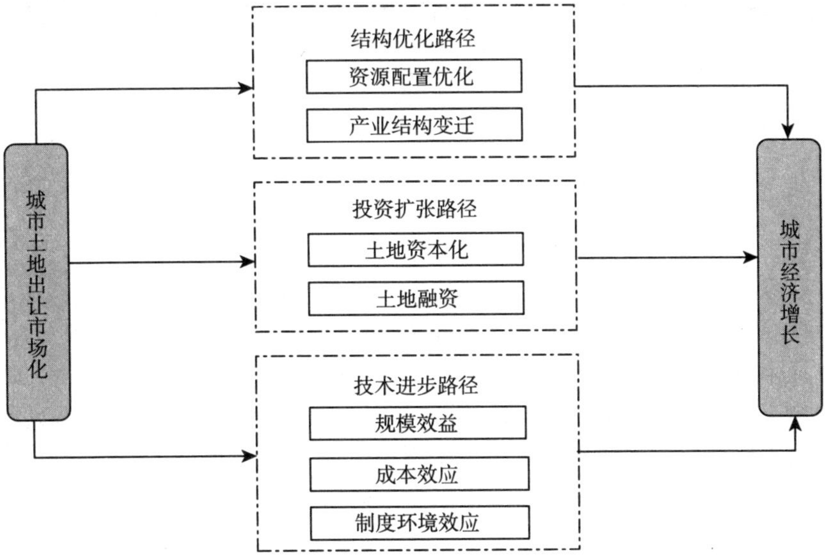

图 3.4　城市土地出让市场化影响经济增长的机理图

第4章

城市土地出让市场化现状分析和水平测度

4.1 引言

研究城市土地出让市场化对经济增长的影响，不但要构建相应的理论分析框架，还要全面掌握城市土地出让市场化改革的制度变迁、进程和现状。为此，本书在对城市土地出让市场化改革制度变迁梳理的基础上，分析和总结城市土地出让市场化改革的现状和特征。然后利用大规模微观交易数据评估城市土地出让市场化水平，比较和分析城市土地出让市场化水平的变化特征和地区差异，从而为后续研究提供现实依据。

4.2 城市土地出让市场化现状分析

4.2.1 城市土地出让市场化改革的制度变迁

改革开放之前，中国实行行政划拨、无偿无限期使用、禁止土地使用者转让土地使用权的出让制度。实践证明，在这种制度下，价格机制不能依据土地要素的稀缺性调节土地资源配置，不仅造成大量土地资源浪费，还导致一系列严重问题，不利于经济长期发展。改革开放以来，随着我国市场经济体制改革深入推进，市场机制配置资源的主导地位不断强化，土地作为一种重要生产资源，其配置方式也逐渐从行政配置向市场机制配置的方式过渡。为了配合经济体制改革有序推进，中国在农村进行了土地市场化改革，使农民逐步获得部分农村土地交易权。而在城市，中央政府主要通过建立有偿、有期限、可流转的土地使用权的市场化出让制度，管理和规范城市地方政府的土地出让行为，目的是不断放松地方政府对土地使用权交易的限制，在市场机制引导下合理配置土地资源（冀县卿和钱忠好，2010）。从这个意义上讲，城市土地市场化改革大体可以认为是土地出让方式的市场化水平不断提升的过程。具体来说，城市土地出让市场化改革大致经历 3 个阶段。

第一阶段，改革探索阶段（1982—1987 年）。这一阶段城市土地市场化改革刚刚起步，土地出让活动主要按照 1982 年 12 月颁布的《中华人民共和国宪法》规定执行。宪法规定："任何组织或者个人不得侵占、买卖、出租或者以其他形式非法转让土地。"在实践中，一些市场经济体制改革试点地区（城市）为了改革需要，在宪法规定范围内进行大胆创新和尝试，率先拉开了城市土地出让市场化改革序幕。1982 年 1 月，深圳经济特区施行《深圳经济特区土地管理暂行规定》，提出了按土地使用年限等分类收取土地使用费的有偿出让制度。1987 年 9 月和 12 月，深圳首次分别以协议和拍卖方式出让国有土地使用权，并允许土地使用权的所有者将土地使用权转让、出租和抵押。同年 11 月，深圳、上海，厦门、天津等城市成为我国土地使用制度改革试点城市。这些城市在保证土地国有的前提下，创新性地通过协议、招标、拍卖等多种方式出让土地使用权，并规定依法取得的土地使用权可以进行转让、出租和抵押。试点城市的探索不仅为城市土地出让市场化改革打开突破口，更重要的是为城市土地出让市场化改革积累宝贵经验。

第二阶段，改革逐步形成阶段（1988—2001 年）。试点城市的破冰之举不仅为国家层面的市场化改革探明方向，也倒逼中央政府对相关法律制度进行完善和修改。1988 年，我国颁布的《宪法修正案》将之前《宪法》中"任何组织或个人不得侵占、买卖、出租或者以其他形式非法转让土地"的规定，修改为"任何组织或个人不得侵占、买卖或者以其他形式非法转让土地，土地的使用权可以依照法律的规定转让"的条文。同年 6 月，《中华人民共和国土地管理法》修改相关法律制度，提出"国家依法实行国有土地有偿使用制度""土地使用权可以依法转让"的条文。1990 年 5 月，国务院颁布实施了《中华人民共和国城镇国有土地使用权出让和转让暂行条例》，规定"依照本条例的规定取得土地使用权的土地使用者，其使用权在使用年限内可以转让、出租、抵押或者用于其他经济活动"。一系列市场化改革制度的颁布实施，标志着我国城市土地资源配置正式进入"有偿、有期限、有流动"的市场化配置阶段。由于这个阶段土地资源配置双轨制的存在，同时土地市场化配置的相关法律法规还不健全，全国范围内的土地市场出现了供应总量失控、用地结构失衡、耕地大量闲置浪费的混乱局面。为了治理上述问题，中央政府于1998年8月修订了《中华人民共和国土地管理法》，于同年12月颁布了《中华人民共和国土地管理法实施条例》，对土地有偿使用制度做了更为系统和细致的规范，使得前期土地出让和使用中出现的问题得到一定程度控制。1999年，中华人民共和国国土资源部在以上两部法律制度的基础上，颁布《关于进一步推行招标拍卖出让国有土地使用权的通知》，进一步细化土地出让的制度法规，强调除了规定可以行政划拨供地的情形外，其他建设用地必须以有偿方式提供。为了与上述制度保持一致，中央政府进一步对协议出让国有土地使用权的范围进行严格限定，并鼓励和倡导各级地方政府对商业、旅游、娱乐和豪华住宅等经营性用地采用招标和拍卖方式提供。2001年4月，针对土地出让过程中市场配置比例不高、透明度低和随意减免地价等突出问题，国务院发布了《关于加强国有土地资产管理的通知》，强调除涉及国家安全和保密要求的相关项目外，其他所有土地供应都必须向社会公开。如果同一地块有两个以上意向的用地者，地方政府的土地行政主管部门要依法以招标、拍卖方式出让土地使用权。通过以上梳理和总结可以看出，这一阶段的改革虽然由于法律制度滞后出现了一些问题，但随着相关法律制度完善，市场机制在国有土地资源配置中发挥的作用进一步得到强化。

第三阶段，改革纵深推进阶段（2002年至今）。这一阶段的改革以建立“公开、公平、公正”的市场运行秩序为目标，一系列土地出让制度的出台加快了城市土地出让市场化改革步伐。2002年5月，中华人民共和国国土资源部颁布了《招标拍卖挂牌出让国有土地使用权规定》，要求地方土地主管部门对“商业、旅游、娱乐和商品住宅等各类经营性用地，必须以招标、拍卖或者挂牌方式出让”。这一制度虽然显著提高商用土地出让市场化水平，但仍然主要采用协议方式出让工业用地，不仅造成工业用地资源浪费，还在工业用地和商用土地间形成明显的价格剪刀差，不利于市场化改革整体推进。为此，2006年8月，国务院发布了《关于加强土地调控有关问题的通知》，要求“工业用地必须采用招标拍卖挂牌方式出让”。2007年9月，中华人民共和国国土资源部按照国务院要求发布了《招标拍卖挂牌出让国有建设用地使用权规定》，再次强调工业用地（不含矿山）以及同一宗地有两个以上意向用地者的其他用地也要采用“招拍挂”方式出让，并要求此规定从当年11月份正式实施。至此，工业用地和商用土地都必须采用市场化方式出让，这标志着城市土地资源配置正式进入市场机制主导的阶段。在这一阶段，一系列土地出让制度的颁布规范了地方政府的土地出让行为，使得土地资源配置大体向着市场机制配置的方向发展（贾康和梁季，2015）。

从制度变迁历程来看，城市土地出让市场化是一场自上而下的改革，具有鲜明的强制性制度变迁特征，中央政府的制度供给意愿和能力很大程度上决定了制度变迁的方向、深度、广度和形式（黄砺和张梁，2014）。而作为独立利益主体的地方政府在土地市场化改革中不仅担当"第一行动集团"的角色，并且身兼土地事实产权控制者和土地市场参与者的多重身份，因此在执行土地市场化改革政策的时候必然会考虑自身利益诉求，表现为对中央政策的屈从或博弈。当土地市场化改革与地方政府的利益诉求一致的时候，地方政府才会积极推动土地市场化改革；但当地方政府的利益诉求与土地出让市场化改革目标不相容的时候，地方政府可能为了自己的利益诉求阻碍土地市场化改革。

因为地方政府在征地和出让过程中有制度安排给予的优势地位，所以土地成为地方政府推动地区经济增长和实现财政收入的重要资源（曹广忠等，2007）。地方政府"以地谋发展"的模式在促进地区经济快速增长的同时，不仅破坏了市场机制对土地资源配置的引导作用，导致土地资源配置效率低下（张少辉和余泳泽，2019），还滋生很多腐败（Ding，2003；陶坤玉等，2010），侵蚀中国经济长期增长的基础。为此，中央政府推出了土地市场化改革，目的就是不断放松地方政府对土地交易权的干预和控制，通过法律和制度强化市场机制对土地资源的配置。

4.2.2　城市土地出让市场化改革的典型事实

因为2003年之前土地出让市场化改革处于探索阶段，且土地出让相关统计数据缺漏较多，所以本书只对2003年以后土地出让市场化改革的事实进行描述分析。从前文可知，城市土地出让市场化主要是土地出让方式的市场化改革过程，所以本书主要关注城市土地出让方式的变化。

在城市一级土地市场中，出让方式有划拨、协议、招标、拍卖、挂牌、租赁和作价出资（入股）7种方式，其中，租赁和作价出资（入股）两种方式无论宗数占比还是面积占比都很小，所以本书不予考虑。在2003年之前，城市土地主要以协议方式出让，而代表市场化水平较高的"招拍挂"出让方式的面积占比和宗数占比均不高。以协议出让方式的宗数占比与面积占比为例，2003年两者分别达到43.2%和41.4%，到了2016年，两者分别下降到 14.9%和 4.7%①。可以看出，2003 年之后，协议出让方式的宗数占比与面积占比均显著下降。为了更加直观地观察 2003 年以后城市土地出让市场化改革的成效，本书使用中国土地网的微观交易数据计算了不同出让方式的面积占比与宗数占比在样本期的变化情况，如图 4.1 所示。

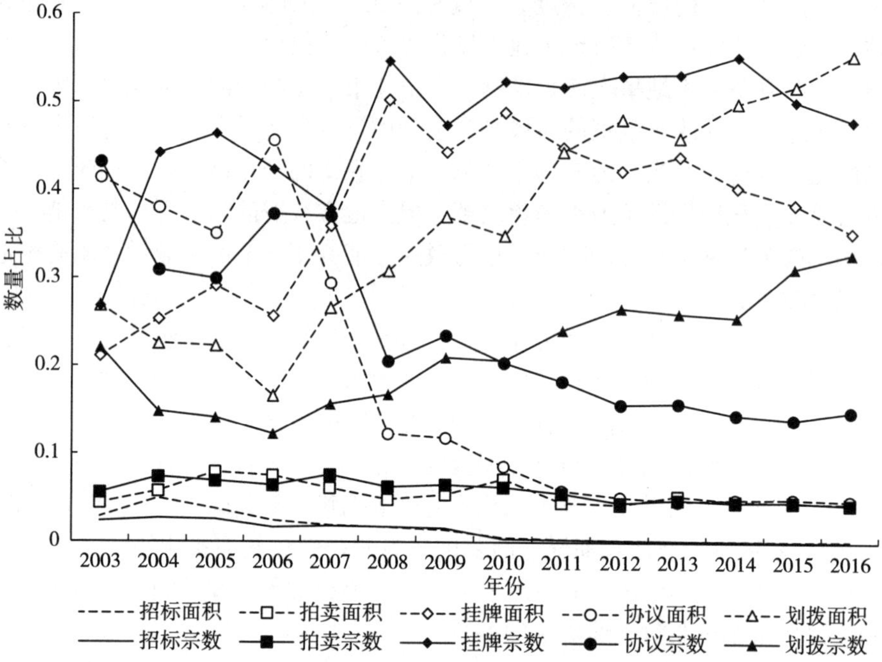

图 4.1　2003—2006 年不同出让方式的面积占比和宗数占比的变化情况

数据来源：根据中国土地市场网（https：//www.landchina.com/）的数据整理计算得出。

图 4.1 显示，在样本期内，城市土地出让方式的变化有以下特点。

第一，协议出让方式的宗数占比与面积占比都呈明显下降趋势，尤其在 2007 年和 2008 年急剧下降，这可能与 2006 年 8 月国务院发布的《关于加强土地调控有关问题的通知》和 2007 年 9 月发布的《招标拍卖挂牌出让国有建设用地使用权规定》有关。两个规定中，中央政府强制要求地方政府采用“招拍挂”方式出让工业用地，一定程度上限制了地方政府选择协议方式低价出让工业用地的行为，使得协议出让方式的宗数占比与面积占比均显著下降。

① 此处的计算均包括了划拨出让的宗数和面积，这与《中国国土资源统计年鉴》中土地出让的统计口径有所不同，《中国国土资源统计年鉴》中土地出让不包括划拨出让的土地。

第二，挂牌出让方式的宗数占比与面积占比均明显提高，尤其在 2007 年和 2008 年急剧升高，之后总体呈现缓慢上升趋势。2008 年以后，挂牌出让方式的宗数占比和面积占比超过了 40%，已经成为最主要的出让方式。2007 年，中央政府强制要求地方政府使用“招拍挂”方式出让工业用地，地方政府为了继续对工业土地资源配置进行干预，只好在招标、拍卖、挂牌 3 种出让方式中选择易于干预的挂牌方式大量出让土地（Cai et al.，2013），由此导致挂牌出让方式的宗数占比与面积占比迅速提高。

第三，划拨出让方式的宗数占比与面积占比在 2008 年以后均快速提高，可能的原因是：2008 年金融危机期间，国家为了刺激经济推出了 4 万亿投资计划，主要投向基础设施建设领域，而基础设施建设中土地出让方式以划拨为主，所以导致划拨出让方式的宗数占比与面积占比在 2008 年以后快速提高（Jiang 和 Lin，2021）；另外，张小东等（2020）发现，2003 年以后，以道路与交通设施、绿地与广场为代表的城市公共设施用地面积快速增长，而这些公共设施的用地也以划拨为主，进一步提高了划拨出让方式的宗数占比与面积占比。

第四，招标出让方式的宗数占比与面积占比一直处于最低水平，可能的原因是：招标出让的价格低于拍卖价格，不仅无法为地方政府创造更多的土地出让收入，还不如挂牌出让方式易于被地方政府控制和干预，所以不被地方政府青睐，导致其宗数占比和面积占比长期处于最低水平。

第五，拍卖出让方式的宗数占比和面积占比一直处于较低水平，且总体呈现缓慢下降趋势。在“政治锦标赛”的制度激励下，地方政府一边通过增加工业用地的供给数量压低工业用地价格，并配合各类优惠政策招商引资，实现拉动经济的目标；同时，地方政府凭借土地供给的垄断权，通过减少商住用地供给数量推高商住用地单价，提高商住用地出让收入，从而使得拍卖出让方式的宗数占比与面积占比总体呈现下降趋势。

第六，对于以上 5 种出让方式而言，虽然相同出让方式的宗数占比与面积占比的绝对值大小不同，但两者变化趋势基本一致。

4.3　城市土地出让市场化水平测度和分析

4.3.1　城市土地出让市场化水平测度方法选择

因为城市土地出让过程中政府干预大多是隐性行为，所以很难直接评估。理论上讲，地方政府可以通过干预土地出让价格和面积影响土地资源配置，但《中华人民共和国土地管理法》规定，我国土地年度计划实行国家、省、市、县4级分级管理，各级政府建设用地总量供给受到上级政府严格控制，所以地方政府试图干预年度土地供应量的做法难度很大（杨其静等，2014）。在这种情况下，地方政府主要通过选择出让方式干预土地资源配置（王媛，2016）。因此，学者们主要通过分析地方政府出让土地的方式刻画城市土地市场的发育情况。为了全面和客观反映土地市场化改革成效，本书在借鉴钱忠好和牟艳（2012）、Liu et al.（2016）的基础上，使用价格加权修正法对城市土地出让市场发育情况进行评估。

因为2008年以后《中国国土资源年鉴》不再分开公布招标、拍卖和挂牌出让的分项数据，所以已有文献只能将招标、拍卖和挂牌出让方式视为相同市场化水平的出让方式，但Cai et al.（2013）、王媛和杨广亮（2016）发现，与拍卖和招标出让方式相比，挂牌出让方式受到地方政府干预的程度更大，所以市场化水平明显低于其他两种方式。Cai et al.（2013）发现，在控制其他影响因素的情况下，挂牌出让的平均价格只有拍卖出让价格的60%左右。钱忠好和牟燕（2012）比较了2003年到2008年不同出让方式的平均价格发现，招标和拍卖出让价格相差不大，挂牌出让价格只有拍卖出让价格的一半。所以，在评价城市土地出让市场化改革成效的时候对于挂牌、招标、拍卖3种出让方式应该区别对待。但当前官方文件和学术研究对上述3种出让方式并没有区分，所以得出的结论存在较大偏误。另外，多数研究没有将划拨出让方式纳入城市土地出让市场化水平测度的体系中，少数文献虽然将划拨出让方式纳入土地出让市场化水平的评估指标体系中，但认为划拨出让价格为零，所以权重设为零（钱忠好和牟燕，2012）。事实上，根据《土地管理法》的第五十五条规定，与其他出让方式一样，划拨出让的土地也需缴纳一定的拆迁补偿和安置费用①。因此，已有文献将划拨出让方式的权重设定为零是不合理的。

为了降低上述问题对评估结果的影响，本书使用大样本微观交易数据对招标、拍卖和挂牌出让方式进行区分，重新评估城市土地出让市场化水平。同时，本书基于以下4个原因还将划拨出让方式纳入城市土地出让市场化水平的评估体系中。

① 土地出让金收入中就包括拆迁补偿和安置费用。

第一，我国城市土地市场化改革就是从最初的无偿划拨向有偿出让过渡的过程，经过几十年改革，虽然城市土地出让市场化水平有所提高，但划拨出让土地的规模和占比也迅速提高，所以在评估城市土地出让市场化水平的时候不能忽略对划拨出让方式的考察。根据图4.1，2003—2016年，划拨出让方式的宗数占比从22.1%上升到32.8%①。李孟然（2010）发现，随着城市土地市场化改革的推进，划拨用地占存量建设用地和新增建设用地的比重也在提高，2009年分别达到了50%和30%。

第二，将划拨方式纳入市场化改革管理体系中有助于土地市场化改革推进。在2010年7月国土资源部召开的《划拨建设用地使用权管理办法》专题研讨会上，与会专家认为没有将划拨出让纳入市场化规范和管理体系内，不仅造成大量划拨用地闲置、浪费及非法出让，还严重扰乱土地市场的正常秩序，不利于土地市场化改革推进。在实践层面，中央政府虽然对划拨出让土地的适用范围做了严格规定，但地方政府在实践中执行不力，使得随意划拨土地给行政事业单位和置换变卖划拨土地的现象屡见不鲜，造成现行划拨土地市级流转制度背离市场配置资源的基本原则（贾广葆，2020）②。

第三，2007年国务院颁布的《中华人民共和国物权法》将建设用地使用权划分为“出让建设用地使用权”和“划拨建设用地使用权”，从法律层面确认了划拨建设用地使用权依法可以转让、租赁、抵押，这表明在法律层面，划拨建设用地使用权与出让建设用地使用权具备同样的财产性权利。

第四，土地出让市场化改革以来，城市建设用地供给逐渐形成了以行政划拨、协议出让为辅和以招标、挂牌、拍卖出让为主的双轨制格局（钱忠好等，2007）。为了全面反映土地市场化改革成效，就需要将以上5种方式都纳入考察评价之中。

另外，本书中土地出让市场化指数构建思路与樊纲等（2003）不同。樊纲等（2003）认为，寻找一个“纯粹的”市场经济作为参照系来衡量中国市场经济体制改革进程是不可能的，所以他们退而求其次地使用相对指数法构建市场化水平指数，主要反映市场化程度最高和最低省份的相对位置。研究

① 数据来源：《中国国土资源统计年鉴》。

② 按照《中华人民共和国土地管理法》中有具体规定：建设用地经县级以上人民政府依法批准，可以以划拨方式取得的土地的使用权人包括：国家机关用地和军事用地，城市基础设施用地和公益事业用地，国家重点扶持的能源、交通、水利等基础设施用地，法律、行政法规规定的其他用地。

认为，衡量城市土地出让市场化水平的参照系是可以确定的，即认为拍卖出让方式是接近完全市场化的出让方式。原因在于：拍卖出让方式是充分尊重交易双方当事人权利的出让方式，土地使用权的需求主体可以自由选择接受或拒绝经过充分竞争形成的价格。因此拍卖出让方式可以作为参照系来衡量城市土地出让市场化进程。为此，本书使用绝对指数的方法评估城市土地出让市场化水平的变动情况。

在上述分析的基础上，借鉴钱忠好和牟燕（2012）、Liu et al.（2016）的方法，选择价格加权宗数与面积占比的测度方法测度城市土地出让市场化水平。计算城市土地出让市场化水平的具体公式为

$$MK = \sum_{i=1}^{5} Z_i f_i / \sum_{i=1}^{5} Z_i \tag{4.1}$$

其中，MK 是城市土地出让市场化水平，i 代表不同的出让方式（$i=1\sim5$），Z_i 表示第 i 种出让方式的面积或宗数，f_i 为各种交易方式的价格权重。参照钱忠好和牟燕（2012）、Liu et al.（2016）的做法，本书采用固定价格权重法，即以样本期平均拍卖价格为基准价格，使用其他出让方式的平均价格与基准价格的比值作为权重。根据本书的样本计算，划拨出让方式的平均价格为基准价格的 13.8%，所以权重为 0.138①；协议出让方式的平均价格为基准价格的 20.4%，所以权重为 0.204；招标出让方式的平均价格为基准价格的 80.5%，所以权重为 0.805；挂牌出让方式的平均价格为基准价格的 54.3%，所以权重为 0.543②。与本书采用固定价格权重不同，徐升艳等（2018）使用每年每种出让方式的平均价格与每年的基准价格之比作为年度价格权重，这样的做法有助于反映每年不同出让方式的价格变化信息，但使得不同年份的市场化指数无法进行比较。

计算城市土地出让市场化指数的数据来源于中国土地市场网。在中国土地市场网的统计变量中，省份、城市、区县、面积、供地方式、成交价格、

---

① 根据《中华人民共和国城市房地产管理法》第二十三条，土地使用权划拨，是指县级以上人民政府依法批准，在土地使用者缴纳补偿、安置等费用后将该幅土地交付其使用，或者将土地使用权无偿交付给土地使用者使用的行为。另外，中华人民共和国国土资源部 2001 年发布的《关于改革土地估价结果和确认土地资产处置审批办法的通知》（国土资发〔2001〕44 号）强调划拨土地需要转作有偿使用土地的，应按出让土地使用权价格与划拨土地使用权价格的差额部分核算出让金。

② 为了方便与钱忠好和牟燕（2012a）的研究结果对比，我们并没有对权重进行归 1 化处理，但这并不影响土地出让市场化水平的变化趋势和本书的研究结论。

合同签订日期等指标为本书使用的变量。另外，本书的样本区间为2003—2016年[①]。为了评估城市土地出让市场化水平，本书对微观交易数据做了以下的处理：首先将重复、错误和无效记录删除；其次，将中国土地网的微观数据合计到城市层面，并与《中国国土资源统计年鉴》中的城市汇总数据进行比对，对于年度出让面积或宗数相差5%以上的城市予以剔除，得到约221.4万条交易数据。最后，将以上交易数据合计到城市层面，得到一个包含260个地级市的非平衡面板数据。

4.3.2　城市土地出让市场化水平变化特征

(1) 整体特征

根据前文选择的方法和数据样本，本书计算了城市土地出让市场化水平。同时，为了方便与已有研究进行比较分析，本书也使用已有研究选择的方法进行测算，根据不同方法测算的城市土地出让市场化水平的变化情况如图4.2所示。其中，*MK*1和*MK*2分别是使用协议出让方式的宗数占比和面积占比测算的城市土地出让市场化指数，测算过程中不包含划拨出让方式；*MK*3和*MK*4是在*MK*1和*MK*2的基础上加入划拨出让方式测算的城市土地出让市场化指数；*MK*5和*MK*6是使用固定价格权重法测算的城市土地出让市场化指数，其中，*MK*5使用宗数占比，*MK*6使用面积占比。

在图4.2中，分不同测算方法看，使用协议出让方式的宗数占比与面积占比测算的市场化指数（*MK*1与*MK*2）在样本期内明显提高，尤其是2007年之后快速升高，但2012年后趋于稳定，并维持在较高水平。使用协议加划拨出让方式的宗数占比和面积占比测算的市场化指数（*MK*3与*MK*4）在样本期内有一定程度提高，但整体水平和增长幅度均低于*MK*1与*MK*2。*MK*3与*MK*4低于*MK*1与*MK*2的原因是样本期内划拨出让土地的宗数占比和面积占比快速增长，因为划拨出让的市场化水平较低，所以拉低了*MK*3与*MK*4。整体来看，以上四个指数在不同年份波动较大，且在样本期内提高明显。*MK*5与*MK*6是使用价格权重法得到的城市土地出让市场化指数，可以看出，*MK*5与*MK*6在样本期不同年份间的变化幅度相对较

---

① 2017年以后，《中国城市统计年鉴》只公布市辖区的生产总值和人均生产总值，不再统计全市口径的生产总值和人均生产总值，为了使各章的样本区间保持一致，本书的样本时间最新只能取到2016年。

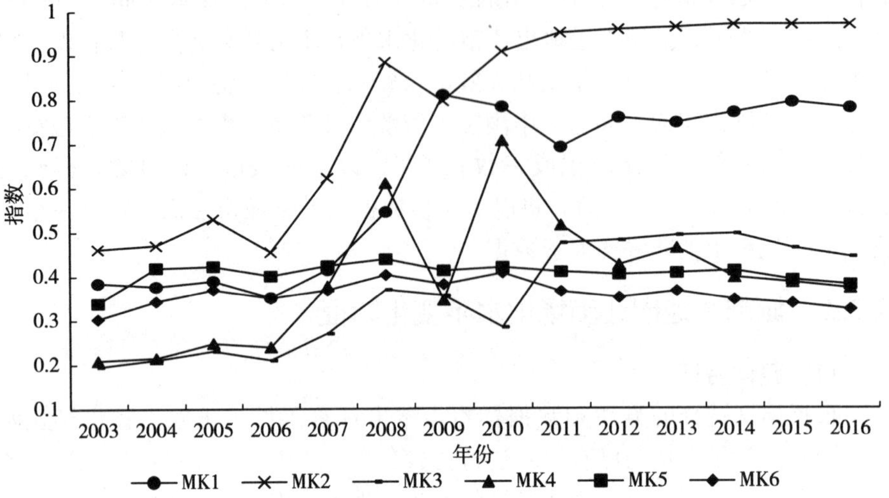

图 4.2　使用不同方法测算的城市土地出让市场化指数变化情况

数据来源：《中国国土资源统计年鉴》和中国土地市场网①。

小，且在样本期内提高也较少，整体呈现倒 U 型变化趋势，表明城市土地出让市场化改革在样本期内成效有限，这与已有研究得出土地出让市场化水平显著提高的结论截然不同。另外，为了与钱忠好和牟燕（2012）的研究结果比较，将钱忠好和牟燕（2012）的测算结果与本书的结果一同放在图 4.3 中进行比较。

从图 4.3 中可以看出，在 2003—2008 年，本书的测算结果与钱忠好和牟艳（2012）的变化趋势大体一致，但绝对水平差异较大，原因可能有两个：一是本书设定的权重与钱忠好和牟艳（2012）有所不同②；二是本书的样本是地级市，而钱忠好和牟艳（2012）的样本是全省。

图 4.3 显示，城市土地出让市场化水平在样本期内有两个显著特征。第一，2007 年城市土地出让市场化水平显著提升。原因是 2006 年国务院发布了《关于加强土地调控有关问题的通知》，要求工业用地必须采用“招拍挂”方式出让，且出让价格不得低于公布的最低价标准。自此，除了国家机关办

① 因为价格权重法测算的 $MK5$ 和 $MK6$ 的值和变化幅度较小，在图 4.2 中不能直观地展示其变化趋势，所以本书将价格权重法的测算结果单独绘制在图 4.3 中。另外，协议、协议加划拨的数量（宗数或面积）占比计算市场化水平等于 1 减去协议、协议加划拨的数量（宗数或面积）占比。

② 钱忠好和牟燕（2012）虽然将划拨方式出让土地纳入分析，但赋予的权重是 0。

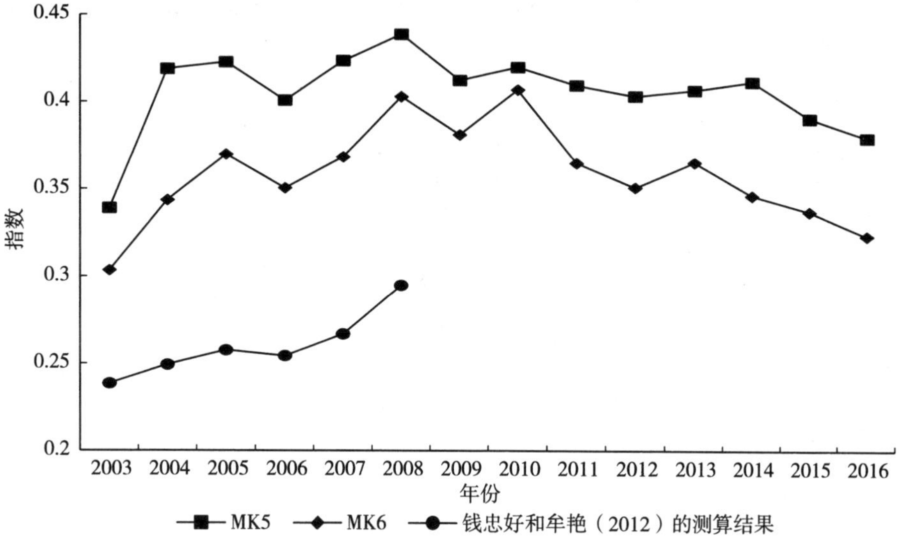

图 4.3　使用价格权重法测算的城市土地出让市场化指数变化情况

数据来源：根据中国土地市场网（https：//www.landchina.com/）的数据计算。

公、公共基础设施以及各类社会事业用地外，其他产业用地都必须使用“招拍挂”方式出让，使得城市土地出让市场化水平在 2007 年显著提升。第二，城市土地出让市场化水平在 2008 年以后逐渐缓慢回落。可能的原因是，随着地方政府征地和拆迁成本快速攀升，城市地方政府从之前的“卖地赚钱”转向“以地生财”或“以地融资”（文雁兵，2015）。2008 年之后，地方政府为了缓解不断增大的财政压力，纷纷成立以融资为主要目的的融资平台（公司），然后让融资平台主要以易于地方政府干预的挂牌或划拨方式低价直接“入市拿地”（池晓辉等，2021），不但可以达到“做大”平台净资产的目的，还为地方债券发行提供了重要抵押资产，使得地方政府可以获得更多城市建设支出融资。但是，这样做阻碍了城市土地出让市场化改革推进，也使得城市土地出让市场化水平逐渐回落。

（2）不同地区的特征

城市土地市场发育不仅具有很强的政策导向性，还受到其他要素和产品市场的影响，由此导致我国地区间土地市场的发育差异较大（赵珂等，2008；许实等，2012）。为了考察不同地区城市的土地出让市场化水平差异，本书将全部城市分为东、中、西部地区 3 个样本组，分别分析和总结城市土地出让市场化水平的变化趋势和特征①。3 个地区的城市土地出让市场化指数变化情况如图 4.4 所示。

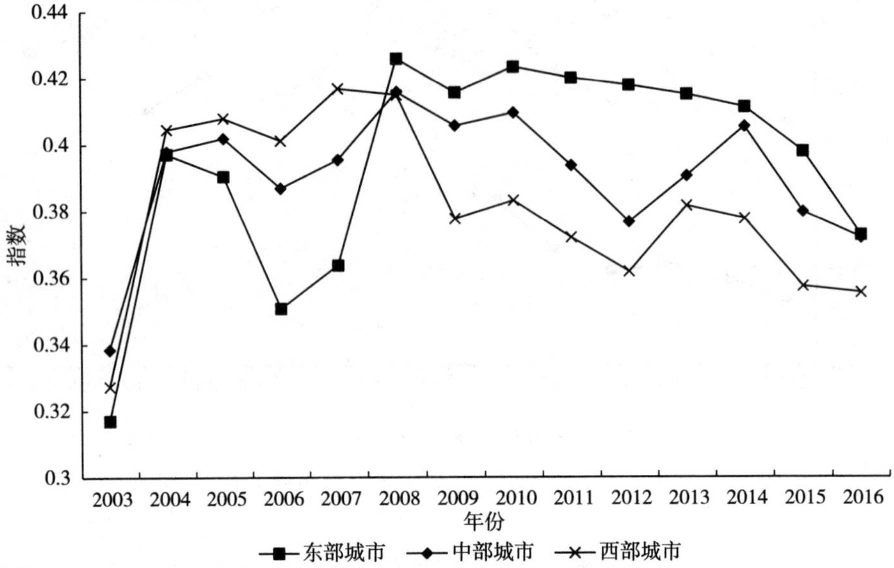

图 4.4　3 个地区的城市土地出让市场化指数变化情况②

图 4.4 展示了东、中、西部 3 个地区城市土地出让市场化水平变化情况，可以看出以下特点。

第一，3 个地区的城市土地出让市场化水平变化趋势基本一致，即都是先提高，然后总体缓慢下降，整个样本期内提高不多。

第二，在改革进入纵深推进阶段的初期（2003 年），3 个地区的城市土地出让市场化水平差距很小；之后逐渐扩大；到了 2008 年以后基本稳定，其中东部地区最高，中部次之，西部最低。3 个地区的城市土地出让市场化水平排名总体与经济发展水平排名一致。

① 三个地区划分的标准参考统计局 2017 年 1 月公布的 2016 年全国房地产开发投资和销售情况中的划分结果。具体如下：东部地区包括北京、天津、河北、辽宁、山东、江苏、浙江、上海、福建、广东、海南 11 个省（直辖市）；中部地区包括山西、吉林、黑龙江、安徽、江西、河南、湖北、湖南 8 个省；西部地区包括内蒙古、广西、重庆、四川、贵州、云南、西藏、陕西、甘肃、青海、宁夏、新疆 12 个省（直辖市、自治区）。

② 说明：为了清楚观察不同地区的城市土地出让市场化水平变化情况，图 4.4 只展示了 $MK5$ 的变化趋势。

第三，在 2007 年工业用地出让市场化改革政策实施以后，3 个地区的城市土地出让市场化水平在当年和 2008 年均有大幅提高，其中，东部地区提高最多，中部和西部提高幅度相对较小，这可能与 3 个地区经济发展阶段有关。工业用地出让市场化改革短期内主要对新增工业投资产生不利影响。相较而言，东部城市经济起步较早，经过 30 年的发展，已经形成了规模较大的工业集群和较为发达的服务业，所以工业土地出让市场化改革对东部城市工业扩张的不利影响较小。与此同时，东部城市可以凭借发达的服务业吸引更多企业和人才集聚，并借助土地出让市场化改革扩大土地出让和土地融资收入。因此，东部城市推动土地出让市场化改革的积极性相对较高，使得土地出让市场化水平整体也相对也高。但是，随着东部城市土地出让市场化水平不断升高，土地价格上涨必然通过房价和工资上涨推高企业成本，对地区经济发展形成很大成本压力，不利于经济稳定增长。为了实现经济的长期稳定发展，地方政府可能对土地资源配置加强干预，由此使得东部城市土地出让市场化水平逐渐回落。

第四，3 个地区的城市土地出让市场化水平在 2006 年都较 2005 年有大幅下降，且东部城市下降幅度最大。这可能是地方政府与中央政府博弈行为的表现。由于工业用地出让市场化政策从发布到执行存在时间差，地方政府为了减少工业用地市场化政策对其“以地引资”的不利影响，可能在政策颁布后到政策正式实施前的这段时间集中、超前使用协议出让方式出让工业用地，由此导致城市土地出让市场化水平在 2006 年大幅下降，这也一定程度上放大了 2007 年工业用地出让市场化改革政策对城市土地出让市场化水平的干预效应①。

第五，2008 年之后，虽然 3 个地区的城市土地出让市场化水平都在下降，但东部城市土地出让市场化水平波动相对较小，而中部和西部城市土地出让市场化水平波动较大。

4.4　小结

本章首先在对我国城市土地市场化改革制度变迁梳理的基础上，分析和

① 国务院在 2006 年 8 月发布了《关于加强土地调控有关问题的通知》，要求“工业用地必须采用招标拍卖挂牌方式出让”，但是到 2007 年 9 月才正式审议通过《招标拍卖挂牌出让国有建设用地使用权规定》，并要求此规定从 2007 年 11 月份正式实施。从发出通知到正式实施，中间有一年多的时差。

总结城市土地出让市场化改革现状和特征。然后，利用大规模微观交易数据评估城市土地出让市场化水平，比较和分析城市土地出让市场化水平的地区差异和变化趋势。通过分析发现：城市土地出让市场化指数在整个样本期间呈倒U型变化趋势，其中，2006—2009年城市土地出让市场化水平显著提高，2009年之后逐渐回落，这与已有研究得出的城市土地出让市场化水平持续升高的结论明显不同。另外，城市土地出让市场化水平在东、中、西部地区存在明显差异。

第5章

城市土地出让市场化影响资本和劳动力配置的实证检验

5.1 引言

改革开放以来，我国充分发挥后发优势，通过高投入和高效率增长实现了举世瞩目的“增长奇迹”（程名望等，2019）。但2008年金融危机以后，全要素生产率明显下降，年均增速较之前下降了1%以上（刘世锦等，2015）。目前来看，导致全要素生产率增速放缓的因素是多方面的，既有经济发展的周期性因素，也有要素配置扭曲等结构性因素。已有研究发现，如果中国资源配置效率与美国齐平，TFP将提高30个到50个百分点，并使中国总产出水平提高110%（Hsieh和Klenow，2009）。这表明，目前我国的资源配置扭曲非常严重。当前，在资本和劳动力基本实现市场化配置的情况下，土地资源配置仍然受到地方政府强力干预。地方政府依靠卖方垄断权低价出让工业用地换取工业发展的同时，还以高价出让商住用地，最大化土地出让收入，不仅导致土地资源配置严重扭曲，还通过影响其他要素投入组合对全要素生产率产生负面影响，进而威胁中国经济持续发展（赵爱栋等，2016；张少辉和余泳泽，2019）。为了提高土地利用效率和增强经济增长动力，中央政府积极推动城市土地出让市场化改革，提升了城市土地资源配置效率（王克强等，2013；赵爱栋等，2016），但对资本和劳动力配置效率的影响还不清楚。为了探究城市土地出让市场化对资本和劳动力配置的影响，本章首先在传统增长核算框架下分别计算资本配置扭曲指数和劳动力配置扭曲指数，并比较和分析其变化趋势。然后基于第3章的理论分析构建计量模型，在考虑内生性问题的基础上，实证检验城市土地出让市场化对资本和劳动力配置效率的影响及其异质性。

5.2 实证研究设计

5.2.1 计量模型设定和工具变量的构建

(1) 计量模型设定

为了系统考察城市土地出让市场化对资本和劳动力配置的影响，本章借鉴白俊红和刘宇英（2018）的方法，并结合第3章理论分析建立如下计量模型

$$\tau_{lit}=\alpha_0+\alpha_1 MK_{it}+\beta_n X_{it}^n+\eta_i+\nu_t+\varepsilon_{it} \tag{5.1}$$

$$\tau_{kit}=\varphi_0+\varphi_1 MK_{it}+\omega_n X_{it}^n+\eta_i+\nu_t+\varepsilon_{it} \tag{5.2}$$

在上述两个模型中，下标 i 表示城市，t 表示年份，τ_l 和 τ_k 分别表示劳动力配置扭曲指数和资本配置扭曲指数，MK 表示土地出让市场化水平，η_i 是个体固定效应，ν_t 是时间效应，ε_{it} 为随机扰动项。X 是一组控制变量，包括对外开放度（OPE）、地方政府对经济的干预（GOV）、城市规模（POP）、信息化水平（PHO）、土地财政规模（MON）和产业结构（STR）。对模型（5.1）和模型（5.2）而言，当城市土地出让市场化指数的回归系数为负时，表明城市土地出让市场化降低资本和劳动力配置扭曲水平，从而有助于资本和劳动力资源配置效率提升；反之，则表明城市土地出让市场化加剧资本和劳动力配置扭曲。

(2) 估计方法选择和工具变量的构建

关于静态面板数据，可以综合运用面板F检验和Hausman检验，在混合最小二乘法（pooled least squares，POLS）、固定效应（fixde effects，FE）和随机效应（random effects，RE）3种模型中选择。另外，为了比较不同模型的拟合效果和稳健性，本书还使用似然比检验（likelihood ratio test，LRT）作为模型选择依据。

考虑到实证研究中可能存在遗漏变量和测量误差导致的内生性问题，本书还构造了城市土地出让市场化水平指数的工具变量。工具变量的构造借鉴蔡竞和董艳（2016）、杨先明和李波（2018）的思路，按照外生性和相关性要求，选取某个城市所在省份其他城市土地出让市场化水平的均值作为该城市土地出让市场化水平的工具变量。构造工具变量的逻辑如下：因为土地不能像劳动力和资本等生产要素在全国范围内流动，只能在本城市的行政区域范围内使用，所以可以认为土地市场是一个近似分割的市场，即同省其他城市土地资源配置对本城市经济发展影响较小，所以本书选取某个城市所在省

份其他城市土地出让市场化水平的均值作为工具变量可以认为满足外生性要求。同时，已有研究发现，同一省份的城市在土地出让过程中存在相互学习和模仿行为（杨其静和彭艳琼，2015）。这充分说明，一个城市的土地出让方式与该省其他城市的土地出让方式相关（杨先明和李波，2018），所以选择同省其他城市土地出让市场化水平的均值作为工具变量满足相关性要求。基于此，本书选取本城市所在省份其他城市土地出让市场化水平的均值作为该城市土地出让市场化水平的工具变量是合适的。因为后续研究中使用的工具变量与本章一样，所以后文对工具变量的构造不再赘述。

另外，考虑到资源配置扭曲存在一定的路径依赖（袁志刚，2013），可能导致随机扰动项与解释变量相关，从而产生内生性问题（伍德里奇，2007）。为此还在模型（5.1）和模型（5.2）中加入因变量的滞后一期作为解释变量，并使用动态面板的 GMM 估计方法重新估计。动态面板的 GMM 估计方法有差分广义矩估计（different GMM，DIF－GMM）和系统广义矩估计（system GMM，SYS－GMM）。DIF－GMM 估计方法在滞后项与随后的一阶差分项存在弱相关时会导致弱工具变量的问题（Roodman，2009），所以系统 GMM 估计的有效性更高。为此，本书选择使用动态面板的系统 GMM 估计方法。

5.2.2　变量说明和数据来源

（1）被解释变量

城市资源配置扭曲指数（τ_l 和 τ_k）：借鉴陈永伟和胡伟明（2011）的方法，研究中分别计算了城市资本配置扭曲指数和劳动力配置扭曲指数。具体计算过程是：首先计算出要素价格绝对扭曲指数，然后再将要素价格绝对扭曲指数转换为价格相对扭曲指数。要素价格绝对扭曲指数计算的公式具体如下

$$\hat{\gamma}_{ki}=\left(\frac{k_i}{k}\right)\Big/\left(\frac{s_i\beta_{ki}}{\beta_k}\right),\ \dot{\gamma}_{li}=\left(\frac{l_i}{l}\right)\Big/\left(\frac{s_i\beta_{li}}{\beta_l}\right) \tag{5.3}$$

在公式（5.3）中，k_i 表示行业 i 的物质资本存量，k 表示物质资本存量总和，$\frac{k_i}{k}$表示 i 行业的物质资本存量占总物质资本存量的比重；l_i 表示行业 i 的劳动数量，l 表示劳动力的总数量，$\frac{l_i}{l}$表示 i 行业的劳动力数量占劳动力总数量的比重；$s_i=\frac{p_iy_i}{Y}$表示 i 行业的产出（p_iy_i）占整个经济体产出

（Y）的比重，$\beta_k=\sum_i^n s_i\beta_{ki}$ 表示以产出加权计算的资本贡献值，而$\frac{s_i\beta_{ki}}{\beta_k}$是理论上资本有效配置时行业 i 应该使用资本的比例，（$\frac{k_i}{k}$）与（$\frac{s_i\beta_{ki}}{\beta_k}$）的比值可以反映行业 i 实际使用资本数量相对于最优状态下使用资本数量的偏离程度，即行业 i 的资本错配程度。同理，（$\frac{l_i}{l}$）与（$\frac{s_i\beta_{li}}{\beta_l}$）的比值反映行业 i 的劳动力错配程度。如果计算得出的比值大于 1，说明该行业存在资本投入过度的问题；如果比值小于 1，说明该行业存在资本投入不足的问题。投入过度和投入不足都表明资源配置偏离有效配置状态，所以均导致了资源配置扭曲。

为了通过公式（5.3）计算出资源价格相对扭曲程度，首先要计算出各地资本和劳动的要素产出弹性 β_k 和 β_l。β_k 和 β_l 的计算参考赵志耘等（2006）、白俊红和刘宇英（2018）的做法。假设生产函数是规模报酬不变的 C－D 生产函数，具体如（5.4）式

$$Y_{it}=AK_{it}^{\beta_{ki}}l_{it}^{1-\beta_{ki}} \tag{5.4}$$

对（5.4）式两边都取对数之后，加入个体效应和时间效应，得到（5.5）式

$$ln(Y_{it}/L_{it})=lnA+\beta_{ki}ln(K_{it}/L_{it})+\mu_i+\lambda_t+\varepsilon_{it} \tag{5.5}$$

在（5.5）式中，代表产出的 Y 用各市的生产总值表示，代表劳动力投入量的 L 用各市的年末从业人数表示，代表资本投入量的 K 用各市的物质资本存量表示。β_{ki} 代表城市 i 的人均资本产出弹性。城市物质资本存量参照徐升艳等（2018）的方法，使用永续盘存法，具体计算公式如下

$$K_t=I_t/P_t+(1-\delta)K_{t-1} \tag{5.6}$$

其中，K_t 代表当期物质资本存量，K_{t-1} 为上一期的物质资本存量，I_t 为当期名义固定资本形成总额，实际计算的时候使用当前名义固定资产投资额代替，P_t 为固定资产投资价格指数，δ 是资本年度折旧率，本书借鉴徐升艳等（2018）的做法，以 6%的水平折旧。初始物质资本存量的确定参照 Hall 和 Jones（1999）的方法，使用初始年份的投资数除以 10%得到。受数据可得性限制，物质资本存量计算统一以 1996 年为初始年份。同时，生产总值和固定资本形成总额折算成 2003 年的不变价。

在测算资本和劳动力配置扭曲指数时，为了体现不同城市的资本和劳动产出弹性差异，确认采用变截距、变斜率的变系数面板模型更为合理。为此，本书中采用最小二乘虚拟变量（LSDV）法估计各城市的资本和劳动产

出弹性。在估计过程中，通过在回归方程中引入个体虚拟变量、个体虚拟变量和 ln（K_{it}/L_{it}）的交互项来估计可变系数模型。在此基础上，利用样本组各市 2003—2016 年的面板数据对模型（5.5）进行回归，得到各个城市的资本和劳动产出弹性。估计结果显示，城市虚拟变量以及虚拟变量与 ln（K_{it}/L_{it}）的交互项均显著，说明本书选择的估计模型是合理的。

估计出各个城市的资本和劳动产出弹性之后，将其带入（5.3）式，得到资本和劳动力绝对扭曲指数。由于要素在行业间的配置主要受到要素价格的“相对”扭曲，而非“绝对”扭曲（陈永伟和胡伟明，2011），因此，为了反映资本和劳动力配置的扭曲程度，将绝对扭曲指数转换成相对扭曲指数。绝对扭曲指数转换成相对扭曲指数的公式如下

$$\tau_{ki}=\frac{1}{\gamma_{ki}}-1，\tau_{li}=\frac{1}{\gamma_{li}}-1 \qquad (5.7)$$

由于资源配置的扭曲存在投入过度（$\tau>0$）和投入不足（$\tau<0$）两种情况，为了保证资源配置扭曲估算的一致性，参照季书涵等（2016）的做法对 τ_{ki} 和 τ_{li} 取绝对值，得到资本和劳动的相对扭曲指数。扭曲指数的含义表明，扭曲指数的数值越大，表示资源配置扭曲程度越严重，资源配置效率越低；反之，表明资源配置效率较高。劳动力和资本配置扭曲指数的变化情况如图 5.1、图 5.2 所示。

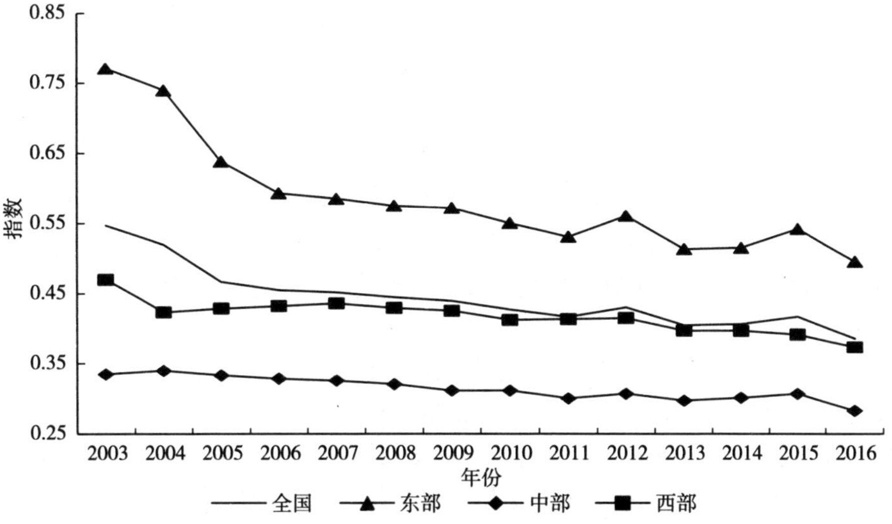

图 5.1　劳动力扭曲指数的变化情况

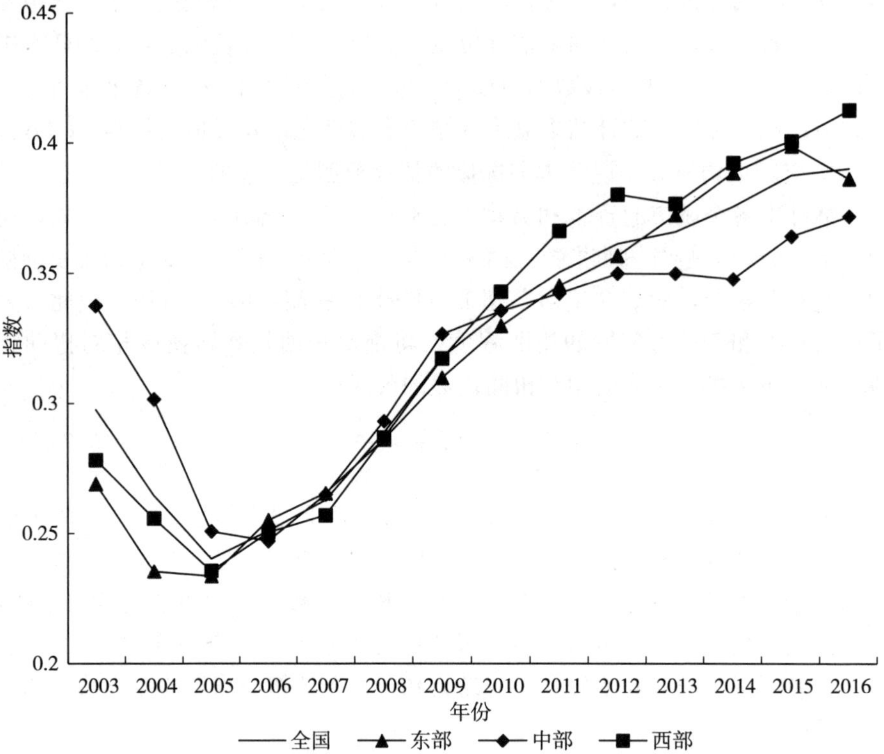

图 5.2　资本扭曲指数的变化情况

图 5.1 显示，城市劳动力资源配置扭曲水平总体呈现下降趋势。随着我国逐步放松对人口流动的限制，劳动力跨区域和跨行业流动进一步加速，降低了劳动力资源配置扭曲水平。分地区来看，东部城市劳动力配置的扭曲水平最高，但下降速度较快，西部城市次之，中部城市最低，这与崔书会等（2019）的研究结论基本一致。另外，与东部城市相比，中部和西部城市劳动力配置的扭曲程度下降速度较慢，这可能与中西部地区劳动力资源相对过剩有关。

图 5.2 展示了城市资本配置扭曲水平的变化趋势。总体来看，资本配置扭曲水平呈现先下降后快速上升的 U 型变化趋势，尤其是在 2007 年之后，资本配置扭曲水平快速攀升，这与柏培文和杨志才（2019）的研究结论基本一致。造成 2008 年之后资本配置扭曲水平快速攀升的可能原因有两点。第一，为了减小 2008 年金融危机的影响，中国推出的“四万亿”投资计划部

分流向了产能本就过剩的煤炭、钢铁、纺织等行业，加剧资本配置扭曲。第二，2008年金融危机后大量社会资本进入楼市，造成房地产相关行业投资过度。因为房地产业生产率低于其他行业，所以房地产业的快速扩张增加了整体经济中低效率产业的比重，进而加剧资本配置扭曲（陈斌开等，2015）。分地区来看，东、中、西部3个地区资本配置扭曲水平的变化基本一致，表明资本市场的一体化水平相对较高。

（2）核心解释变量

城市土地出让市场化水平（*MK*5）：此变量的计算方法和过程前文已经详细说明，此处不再赘述。同时，本章还使用价格加权面积占比法计算的土地出让市场化指数（*MK*6）作为核心解释变量的替代变量进行稳健性检验。

（3）控制变量

对外开放度（*OPE*）：已有研究发现，对外开放通过促进外商直接投资对我国资源配置效率有显著影响（孙浦阳和彭伟瑶，2014）。本书中使用外商直接投资占GDP的比值表示对外开放度。因为部分城市外商直接投资为0，所以本书中参考陈国亮和陈建军（2012）的方法，将其加1后再取对数。地方政府对经济的干预（*GOV*）：从中国经济发展历程来看，地方政府对经济发展具有重要影响（周黎安，2007）。地方政府通过基础设施建设、财政补贴、税收减免、土地供给优惠、环境管制等手段影响产业区位分布，进而对资源配置产生重要影响（刘满凤等，2019）。借鉴已有文献的做法，本书使用财政支出与生产总值的比值表示地方政府对经济的干预程度（袁志刚和高虹，2015）。城市规模（*POP*）：城市规模扩大有助于企业资源配置效率提升（郭晓丹等，2019）。借鉴柯善咨和赵曜（2014）的做法，使用城市常住人口表示城市规模。信息化水平（*PHO*）：信息化水平提升不仅有助于高新技术产业快速成长，还通过传统产业的改造和升级促进产业结构“升级换代”（茶洪旺和左鹏飞，2017），进而影响资源配置效率。考虑到数据可得性限制，本书选择城市移动用户数表示城市信息化水平。土地财政规模（*MON*）：已有研究发现，土地财政通过规模效应和价格扭曲效应影响资源配置效率（张少辉和余永泽，2019），受数据可得性限制，本书使用城市土地出让收入表示土地财政规模。产业结构（*STR*）：已有研究发现，产业结构的动态调整促进资源在不同产业部门间重新配置，从而对资源配置效率产生影响。考虑到城市经济最显著的特征是第三产业相对第二产业的快速增长（吴敬琏，2006），所以本书使用第三产业和第二产业增加值的比值反映产业结构变动。

本书的样本为2003—2016年全国地级及以上城市，其中，城市经济数据来源于《中国城市统计年鉴》和EPS（Easy Professional Superior）数据平台。计算城市土地出让市场化指数的数据来源于中国土地市场网（https：//www. landchina. com/）。城市土地出让市场化指数与城市经济数据匹配之后得到一个包含260个地级市的非平衡面板数据。另外，为了剔除价格因素影响，本书使用各省生产总值平减指数和城市消费价格指数将人均生产总值和土地出让收入转换为2003年为基期的实际值。对于外商直接投资，首先根据汇率转换为人民币的名义值，然后利用各省的城市消费价格指数转换为2003年的实际值。生产总值平减指数、城市消费价格指数和汇率均来源于《中国城市统计年鉴》。以上所有变量都是全市统计口径。后续章节使用变量也做了上述处理，所以不再赘述。本章使用变量的描述性统计如表5.1所示。

表5.1　主要变量的描述性统计

变量	样本数	均值	标准差	最小值	最大值
$MK5$	3 342	0.388 9	0.092 4	0.138 2	1
$MK6$	3 342	0.364 0	0.121 3	0.137 5	1
K	3 342	422.159	6 900.604 0	87.387 8	84 520.660 0
l	3 342	51.992 0	77.379 9	4.210 0	986.870 0
τ_l	3 342	0.445 3	0.424 1	0.000 2	4.299 3
τ_k	3 342	0.324 3	0.277 8	0.000 1	3.114 5
$IV5$	3 017	0.390 7	0.060 7	0.138 1	0.732 4
$IV6$	3 017	0.361 5	0.066 7	0.051 6	0.759 4
OPE	3 342	0.021 4	0.023 0	0	0.199 2
POP	3 342	427.927 5	527.586 5	19.730 0	27 321.240 0
MON	3 342	0.045 6	0.197 0	0.000 1	7.723 5
PHO	3 342	300.168 3	332.371 6	0.086 0	3 377
STR	3 342	0.815 9	0.383 3	0.094 3	4.165 6
GOV	3 342	0.168 2	0.106 2	0.031 3	1.632 3

5.3　实证检验与结果分析

5.3.1　基准回归结果分析

表 5.2 汇报了基准回归结果。所有模型中，面板 F 值表明选择固定效应模型优于混合面板模型。Hausman 检验表明选择固定效应模型是合理的。模型似然比检验（LRT）表明同时含有时间和个体效应的模型优于只含有个体效应的模型。因此，本书选择同时具有个体和时间效应的模型汇报。

表 5.2　基准回归结果

因变量	τ_l				τ_k			
模型序号	(1)	(2)	(3)	(4)	(5)	(6)	(7)	(8)
MK5	−0.131***	−0.115***			−0.073**	−0.058 4**		
	(0.037 0)	(0.037 6)			(0.028 6)	(0.029 1)		
MK6			−0.062 3**	−0.056 1*			−0.062***	−0.044 0*
			(0.030 6)	(0.031 4)			(0.023 7)	(0.024 2)
lnOPE	0.003 7	0.004 1	0.003 7	0.004 3	−0.002 7	−0.001 8	−0.002 5	−0.001 7
	(0.002 6)	(0.002 6)	(0.002 6)	(0.002 6)	(0.002 0)	(0.002 0)	(0.002 0)	(0.002 0)
lnPOP	−0.079***	−0.044 9	−0.080***	−0.044 7	0.102 4***	0.093 3***	0.102 0***	0.093 3***
	(0.030 5)	(0.030 5)	(0.030 6)	(0.030 5)	(0.023 6)	(0.023 6)	(0.023 5)	(0.023 6)
lnMON	0.003 2	0.016 2***	0.336 4	0.016 3***	0.018 5***	0.007 7*	0.018 9***	0.008 0*
	(0.005 1)	(0.005 8)	(0.005 4)	(0.005 9)	(0.004 0)	(0.004 5)	(0.004 0)	(0.004 5)
lnPHO	−0.023***	0.029 6***	−0.023***	0.030 2***	0.035 9***	0.014 7	0.035 4***	0.017 1**
	(0.008 7)	(0.011 2)	(0.008 7)	(0.011 2)	(0.006 7)	(0.009 7)	(0.006 7)	(0.008 7)
lnSTR	−0.135***	−0.157***	−0.138***	−0.161***	0.972***	0.096 5***	0.095 8***	0.095 2***
	(0.016 7)	(0.019 1)	(0.016 7)	(0.019 1)	(0.162 5)	(0.014 8)	(0.012 9)	(0.014 7)
lnGOV	−0.028 5	0.060 7**	−0.028 0	0.060 7**	0.019 7***	−0.022 2	0.018 5	0.022 3
	(0.021 1)	(0.024 5)	(0.021 0)	(0.024 5)	(0.016 3)	(0.018 9)	(0.016 3)	(0.018 9)
常数项	1.675 9***	1.366 1***	1.662 6***	1.357 8***	−1.061***	−0.861***	−1.063***	−0.868***
	(0.210 2)	(0.217 3)	(0.210 5)	(0.217 7)	(0.162 4)	(0.168 1)	(0.162 4)	(0.168 2)
个体效应	控制	控制	控制	控制	控制	控制	控制	控制
时间效应	未控制	控制	未控制	控制	未控制	控制	未控制	控制

（续）

因变量	τ_l				τ_k			
模型序号	(1)	(2)	(3)	(4)	(5)	(6)	(7)	(8)
F值	28.61 [0.000]	13.66 [0.000]	27.19 [0.000]	13.30 [0.000]	53.06 [0.000]	24.26 [0.000]	53.44 [0.000]	24.23 [0.000]
Hausman 检验	56.51 [0.000]	64.49 [0.000]	58.72 [0.000]	66.76 [0.000]	38.88 [0.000]	35.97 [0.015 5]	38.57 [0.000]	41.58 [0.001]
LRT	74.82 [0.000]		77.77 [0.000]		110.84 [0.000]		107.71 [0.000]	
调整 R^2	0.772 4	0.776 2	0.771 8	0.775 8	0.710 2	0.717 9	0.710 4	0.717 8
N	3 342	3 342	3 342	3 342	3 342	3 342	3 342	3 342

注：表中圆括号内为标准误，方括号内为概率值。* $p<0.1$，** $p<0.05$，*** $p<0.01$。

在表 5.2 的模型（2）和模型（4）中，城市土地出让市场化指数（$MK5$、$MK6$）的系数在 10%的水平下均显著为负，表明城市土地出让市场化有助于降低劳动力资源配置扭曲水平。这正如第 3 章的理论分析。

第一，城市土地出让市场化限制地方政府对土地资源进行干预，降低土地要素价格扭曲水平，促进生产要素的边际收益产出和整个产业收益生产率提升，从而降低劳动力配置扭曲水平。

第二，城市土地出让市场化不仅压缩企业的寻租空间，减小了寻租活动导致的经济效率损失，更重要的是通过竞争性定价机制保证最具竞争力的企业获取土地资源，限制了地方政府通过土地价格优惠支持产能过剩产业的冲动，使得缺乏竞争力的企业无法获得土地资源，减少低效率企业对劳动力资源的占用，从而有利于劳动力资源配置效率提升。

第三，城市土地出让市场化推动土地成本上升，刺激企业对要素配置进行优化组合，迫使企业开发或引进劳动力节约型技术，从而对劳动力资源有效配置产生正向作用。当然，这一路径与地区劳动力资源的丰裕程度密切相关：在劳动力资源储备相对丰裕的地区，上述影响可能较小；而在劳动力相对紧缺的地区，上述影响较大。

第四，土地出让市场化改革推进的“地区声誉显示效应”会激发企业家的创新精神，促使企业家增加投入，减少对创新资金占用，提高企业创新能力，从而降低劳动力资源配置扭曲水平。

控制变量中，代表土地财政的变量 *lnMON* 的系数在 1%的水平下显著为正，表明土地财政加剧劳动力资源配置扭曲。代表产业结构的变量 *lnSTR* 的系数在 1%的水平下显著为负，表明第三产业相对第二产业比重升高会降低劳动力资源配置扭曲水平。代表政府干预的变量 *lnGOV* 的系数在 10%的水平下显著为正，表明地方政府干预加剧劳动力资源配置扭曲。当前，国有经济不仅是地方经济重要组成部分，更是地方政府干预经济的重要抓手。地方政府通过国有经济对地区经济进行干预不仅加剧国有经济中劳动力资源配置扭曲（谢攀和李文溥，2015），还对整体劳动力资源配置产生不利影响。代表信息化水平的变量 *lnPHO* 的系数显著为正，表明信息化水平提高加剧劳动力资源配置扭曲。通常而言，信息技术水平提高本身蕴含着技术进步，而技术进步不仅有助于消除生产过程的冗余和浪费，而且还能与企业其他的制度措施进行协同，从而对资源配置提升产生积极作用（Moyer 和 Hughes，2012）。但考虑到上述分析只是聚焦于某一个行业，没有考虑信息化水平对不同行业影响的异质性带来的结构变化效应，所以可能存在偏误。除此之外，代表对外开放的变量 *lnOPE* 的系数和代表城市规模的变量 *lnPOP* 的系数都不显著，表明对外开放和城市规模对劳动力资源配置的影响不显著。

表 5.2 中的模型（6）和模型（8）显示，城市土地出让市场化指数（*MK*5、*MK*6）的系数在 10%的水平下均显著为负，表明城市土地出让市场化有助于降低资本配置扭曲水平。城市土地出让市场化除了通过提升产业收益生产率影响资本配置效率外，还通过其他路径影响资本配置效率：在我国金融资源大量流入国有企业的现状下，非国有企业面临较为严峻的融资困难（Claessens 和 Tzioumis，2006），而土地出让市场化改革明确提出获取土地使用权的企业可以在不改变用途和符合相关规定的前提下进行转让、出租或抵押融资，一定程度上缓解了非国有企业的融资困难。因为非国有企业的资本配置效率高于国有企业（方军雄，2007；吕品和王大俊，2011），所以非国有企业融资环境的改善有助于提升资本配置效率，从而降低整体资本配置扭曲水平。

控制变量中，代表城市规模的变量 *lnPOP* 的系数在 1%的水平下显著为正，表明城市规模扩大加剧资本配置扭曲。这与吴利学等（2019）的研究结论一致，他们研究发现，我国城市规模扩大并没有对资源配置效率提升产生积极作用，反而是高行政级别城市规模扩大加剧资源错配。代表土地财政

规模的变量 *lnMON* 的系数显著为正，表明土地财政规模扩大加剧资本配置扭曲。城市土地市场化改革以来，地方政府从土地中获取的绝大部分资金都流向了与房地产和基建相关（包括钢铁、水泥）的重工业部门（Chang et al.，2016），加速了上述产业的资本深化（刘元春和陈金至，2020），并加剧资本配置扭曲（柏培文和杨志才，2019）。代表产业结构的变量 *lnSTR* 的系数在1%的水平下显著为正，表明第三产业相对第二产业的比重升高加剧资本配置扭曲。这与土地出让市场化对劳动力配置扭曲的作用方向完全相反，表明产业结构变动对资本和劳动力配置扭曲具有不同的影响机制。宋锦和李曦晨（2019）发现，进入21世纪以来，在技术进步缓慢的现状下，制造业资本密集度不断提高，导致对高技能劳动力的需求下降，使得部分富余劳动力向租赁、居民服务、其他服务业等技能要求相对较低的服务业转移，进而对劳动力配置扭曲起到了改善作用，但却加剧资本配置扭曲。代表对外开放的变量 *lnOPE*、信息化水平的变量 *lnPHO* 和政府干预的变量 *lnGOV* 的系数都不显著，表明对外开放、信息化水平和政府干预对资本配置扭曲的影响不显著。

5.3.2 内生性检验：基于工具变量和动态面板回归方法的检验

考虑到前文的基准回归可能存在遗漏变量和统计误差，进而导致内生性问题，本章选择同省其他城市土地出让市场化水平的均值作为该城市土地出让市场化指数的工具变量，重新对实证模型回归。工具变量的构造原理前文已有详细说明，此处不再赘述。另外，考虑到资源配置扭曲存在一定的路径依赖，本章还使用动态面板的系统GMM回归方法进行回归。内生性检验回归结果如表5.3所示（由于篇幅限制，表5.3省略了控制变量的回归结果）。

表5.3 内生性检验回归结果

回归方法	工具变量回归				动态面板的系统GMM回归			
因变量	τ_l		τ_k		τ_l		τ_k	
模型序号	(1)	(2)	(3)	(4)	(5)	(6)	(7)	(8)
L.τ_l					0.918 0*** (0.106 3)	0.800 5*** (0.064 8)		
L.τ_k							0.889 4*** (0.126 9)	0.819 9*** (0.098 4)

（续）

回归方法	工具变量回归				动态面板的系统 GMM 回归			
因变量	τ_l		τ_k		τ_l		τ_k	
模型序号	(1)	(2)	(3)	(4)	(5)	(6)	(7)	(8)
*MK*5	−0.654 8*** (0.206 9)		−0.084 1* (0.043 8)		−0.246 9** (0.123 0)		−0.196 8* (0.117 7)	
*MK*6		−0.871 2*** (0.294 2)		−0.076 8** (0.037 4)		−0.126 9** (0.064 3)		−0.089 3*** (0.030 6)
常数项					0.355 9*** (0.025 1)	0.256 0*** (0.023 8)	−0.000 1*** (0.000 0)	−0.409 3*** (0.033 1)
控制变量	控制	控制	控制	控制	控制	控制	控制	控制
个体效应	控制	控制	控制	控制	控制	控制	控制	控制
时间效应	控制	控制	控制	控制	控制	控制	控制	控制
识别不足检验（Wald P值）	118.249 [0.000 0]	46.919 [0.000 0]	37.369 [0.000 0]	30.241 [0.000 0]				
弱识别检验（F值）	127.375	43.603	22.511	24.288				
Hansen检验的p值					0.372	0.349	0.974	0.578
AR（2）检验的p值					0.202	0.144	0.836	0.257
N	3 272	3 272	3 272	3 272	3 082	3 082	3 082	3 082

注：圆括号内为标准误，方括号内为概率值。* $p<0.1$，** $p<0.05$，*** $p<0.01$。弱工具变量 Stock-Yogo 检验 10%的临界值是 16.38。本书中工具变量回归使用 Stata 软件的 ivreghdfe 命令，回归结果没有截距项。另外，4 个直辖市中也没有其他城市，4 个直辖市的工具变量等于自身的土地出让市场化指数，没有实际意义，因此予以剔除。样本中的青海省只有西宁一个城市，因此也予以剔除。下文中的工具变量都做了同样处理。

表 5.3 的模型（1）至模型（4）展示了工具变量的回归结果。所有模型都通过了工具变量识别不足检验，且弱识别检验统计量大于 10%的显著性临界值，表明本书选取的工具变量有效可靠。所有模型的估计结果显示，城市土地出让市场指数的系数在 5%的水平下显著为负，表明城市土地出让市场化降低劳动力和资本配置扭曲水平。模型（5）至模型（8）展示动态面板

的系统 GMM 回归结果，其中，AR（2）检验的 P 值大于 10%，表明在 10%的水平上可以接受误差项二阶序列不相关的原假设，Hansen 过度识别检验表明在 10%的显著性水平上不能拒绝工具变量有效的原假设。AR（2）检验结果和 Hansen 检验结果表明使用系统 GMM 是合适的。另外，因变量的滞后一期在 10%水平下显著，证实了前文关于资源配置扭曲存在路径依赖的猜想，也表明本研究选择动态面板数据模型是合理的。在工具变量与动态面板的系统 GMM 回归结果中，核心解释变量 *MK*5 和 *MK*6 的回归系数符号和显著性基本一致，且与基准回归结果也基本一致，表明基准回归结果稳健可靠。

5.3.3 区域异质性分析

考虑到一些无法控制的地区差异可能对城市土地出让市场化与资源配置效率的关系产生影响。为此，本书按照前文划分标准将所有城市分为东、中、西部地区 3 个样本组分别回归，回归结果如表 5.4 所示。回归结果显示，以 *MK*6 为自变量的稳健性检验结果与以 *MK*5 为自变量的回归结果基本一致，且动态面板的系统 GMM 回归结果与工具变量的回归结果也基本一致（由于篇幅限制，表 5.4 省略了以 *MK*6 为自变量的稳健性检验结果和动态面板的系统 GMM 回归结果）。

在表 5.4 中，城市土地出让市场化指数的系数在模型（1）至模型（4）中都显著为负，表明在东部城市，土地出让市场化显著降低资本和劳动力配置扭曲水平。改革开放以来，随着东部城市规模快速扩张，城市用地需求快速增长，在东部城市可用土地相对紧缺的现实约束下，城市土地出让市场化除了通过提升产业收益影响资源配置效率外，还通过筛选作用和成本压力促进企业优化要素投入组合，从而降低资源配置扭曲水平，促进东部城市资源配置效率提升。

在表 5.4 中，城市土地出让市场化指数在模型（5）和模型（7）中都不显著，表明在中部城市，城市土地出让市场化对劳动力资源配置扭曲的改善作用不明显。可能的原因是：中部城市劳动力和土地资源整体处于富裕状态，城市土地出让市场化改革虽然通过改变生产要素之间的组合对劳动力资源配置产生影响，但作用有限。模型（6）和模型（8）的回归结果显示，城市土地出让市场化指数的系数在 10%的水平下都显著为负，表明在中部城市，土地出让市场化降低资本配置扭曲水平。这与城市土地出让市场化对劳

表 5.4 分地区的回归结果

所属地区	东部地区				中部地区				西部地区			
回归方法	固定效应模型回归		工具变量回归		固定效应模型回归		工具变量回归		固定效应模型回归		工具变量回归	
因变量	τ_l	τ_k	τ_l	τ_k	τ_l	τ_k	τ_l	τ_k	τ_l	τ_k	τ_l	τ_k
模型序号	(1)	(2)	(3)	(4)	(5)	(6)	(7)	(8)	(9)	(10)	(11)	(12)
*MK*5	−0.296***	−0.121***	−0.966 5**	−0.172***	0.027 6	−0.028 0*	−0.155 6	−0.202 3*	−0.026 3	0.013 5	−0.062 4	0.067 2
	(0.080 0)	(0.042 9)	(0.391 8)	(0.061 2)	(0.047 8)	(0.016 2)	(0.485 4)	(0.108 2)	(0.055 8)	(0.043 6)	(0.095 9)	(0.063 5)
常数项	3.771 2***	−2.158***			0.902 1***	−0.755***			0.223 6	0.408 5*		
	(0.555 7)	(0.298 1)			(0.303)	(0.269 2)			(0.274 4)	(0.214 3)		
控制变量	控制	控制	控制	控制	控制	控制	控制	控制	控制	控制	控制	控制
个体效应	控制	控制	控制	控制	控制	控制	控制	控制	控制	控制	控制	控制
时间效应	控制	控制	控制	控制	控制	控制	控制	控制	控制	控制	控制	控制
F 值	13.66	24.26			4.91	5.02			7.50	12.91		
	[0.000]	[0.000]			[0.000]	[0.000]			[0.000]	[0.000]		
Hausman 检验	64.49	43.06			62.36	28.36			39.47	23.30		
	[0.000]	[0.000]			[0.000]	[0.000]			[0.001]	[0.025 3]		
识别不足检验			55.467	52.132			21.621	34.534			29.224	31.763
(Wald P 值)			[0.000]	[0.000]			[0.000]	[0.000]			[0.000]	[0.000]
弱识别检验 (F 值)			32.744	33.409			19.005	30.574			19.923	21.941
调整 R^2	0.784 0	0.784 0			0.765 9	0.635 8			0.748 6	0.741 7		
N	1 253	1 253	1 197	1 197	1 195	1 195	1 195	1 195	894	894	880	880

注：表中圆括号内为标准误，方括号内为概率值。* $p<0.1$，** $p<0.05$，*** $p<0.01$。弱工具变量 Stock－Yogo 检验 10%的临界值是 16.38。

动力配置扭曲的影响不同，原因可能是：中部城市的资本相对于劳动力更加紧缺，所以在受到土地出让市场化改革冲击的时候，中部城市更加注重通过要素优化组合提高资本配置效率，由此导致城市土地出让市场化改革对资本配置扭曲的优化作用更强。

在表 5.4 中，城市土地出让市场化指数的系数在模型（9）至模型（12）中都不显著，表明在西部城市，土地出让市场化对劳动力和资本配置扭曲的改善作用均不明显。可能的原因有两个：第一，2003 年以来，倾向内地的供地政策扩大了中西部地区的供地规模（陆铭等，2019），使得西部地区土地供应总体宽松，一定程度上减弱了城市土地出让市场化对资源配置效率的积极作用；第二，西部地区市场化制度建设水平相对较低，使得价格对资源配置效率的作用机制并不顺畅，减弱了土地出让市场化改革对资本和劳动力配置扭曲的影响。

5.3.4 金融危机前后比较分析

已有研究认为，中国为了应对 2008 年金融危机，支持有条件的地方政府组建融资平台，并以土地作为重要融资抵押物在资本市场融资，然后再反哺预算内财政，以此缓解地方财政压力，同时对地方政府的土地出让行为和资源配置效率产生影响（Bai et al.，2016；刘阳阳和冯明，2016），进而影响土地出让市场化与资源配置效率间的关系。为此，本书将整个样本分为 2008 年金融危机前和 2008 年金融危机后两个样本分别进行回归。回归结果如表 5.5 所示（由于篇幅限制，表 5.5 省略了稳健性检验结果和控制变量的回归结果）。

表 5.5　分时间段的回归结果

时间区间	2003—2007 年				2008—2016 年			
回归方法	固定效应模型回归		工具变量回归		固定效应模型回归		工具变量回归	
因变量	τ_l	τ_k	τ_l	τ_k	τ_l	τ_k	τ_l	τ_k
模型序号	(1)	(2)	(3)	(4)	(5)	(6)	(7)	(8)
*MK*5	−0.132***	−0.068 9*	−0.458 3**	−0.109 9**	−0.091 9	−0.001 1	−0.240 2	−0.314 6
	(0.044 6)	(0.035 5)	(0.190 8)	(0.052 1)	(0.062 6)	(0.042 0)	(0.147 5)	(0.191 1)
常数项	0.985 6**	−2.478***			0.479 2**	0.080 3		
	(0.407 1)	(0.532 0)			(0.245 5)	(0.165 1)		

（续）

时间区间	2003—2007 年				2008—2016 年			
回归方法	固定效应模型回归		工具变量回归		固定效应模型回归		工具变量回归	
因变量	τ_l	τ_k	τ_l	τ_k	τ_l	τ_k	τ_l	τ_k
模型序号	(1)	(2)	(3)	(4)	(5)	(6)	(7)	(8)
控制变量	控制	控制	控制	控制	控制	控制	控制	控制
个体效应	控制	控制	控制	控制	控制	控制	控制	控制
时间效应	控制	控制	控制	控制	控制	控制	控制	控制
F 值	23.01 [0.000]	5.77 [0.000]			5.28 [0.000]	16.22 [0.000]		
Hausman 检验	64.49 [0.000]	43.06 [0.000]			44.62 [0.000]	37.27 [0.000]		
识别不足检验（Wald P 值）			35.203 [0.000]	45.203 [0.000]			41.248 [0.000]	39.026 [0.000]
弱识别检验（F 值）			19.195	39.195			27.139	21.347
调整 R^2	0.776 2	0.717 9			0.852 7	0.875 2		
N	1 001	1 001	976	976	2 341	2 341	2 296	2 296

注：表中圆括号内为标准误，方括号内为概率值。* $p<0.1$，** $p<0.05$，*** $p<0.01$。弱工具变量 Stock - Yogo 检验 10%的临界值是 16.38。

表 5.5 的模型（1）至模型（4）展示了 2003—2007 年的回归结果，在模型（1）至模型（4）中，城市土地出让市场化指数的系数均在 10%水平下显著为负，表明在 2003—2007 年，城市土地出让市场化显著降低劳动力和资本配置扭曲水平。一方面，2007 年工业用地出让市场化政策不仅通过筛选作用降低了低效率工业企业对劳动力和资本的占用，还通过成本压力促进工业企业优化要素投入组合，进而降低了资源配置扭曲水平；另一方面，商用土地出让市场化改革的推进有利于地区市场机制的建设和完善，强化了市场机制配置资源的主导地位，从而降低资本和劳动力配置扭曲水平。

表 5.8 的模型（5）至模型（8）展示了 2008—2016 年的回归结果，可以看出，城市土地出让市场化指数几乎在所有模型中都不显著，表明在 2008—2016 年，城市土地出让市场化对劳动力和资本配置扭曲的改善作用均不显著。可能的原因有两个。一方面，2008 年金融危机之后，中央出台

了“四万亿”经济刺激计划，并鼓励地方政府设立合规的融资平台对中央投资项目进行配套支持[①]。在中央政府倡导下，地方政府纷纷以土地作为融资平台最重要的融资抵押物进行融资，并将融资获得的资金主要投入到一些产能过剩行业，恶化了资源配置效率（Bai et al.，2016）。另一方面，地方融资平台的兴起引致了地方债务井喷（刘畅等，2020）。因为我国地方债优化要素配置的制度激励功能较弱，所以地方债务增加不仅没有发挥优化要素配置的功能，反而抑制了私人投资，产生挤出效应（缪小林和赵一心，2019），进而加剧资本和劳动力配置扭曲。由于上述两个原因的存在，城市土地出让市场化对资本和劳动力配置扭曲的改善作用并不显著。

5.4 小结

总结以上研究，实证检验了城市土地出让市场化对资本和劳动力配置扭曲的影响。首先，在传统增长核算框架下，分别计算资本配置扭曲指数和劳动力配置扭曲指数。然后，在考虑了异质性和内生性的基础上实证检验城市土地出让市场化对资本和劳动力配置扭曲的影响。通过以上分析，研究结论如下：

第一，在样本期内，劳动力配置扭曲水平总体缓慢下降，而资本配置扭曲水平呈现先下降后快速上升的变化趋势，尤其在2007年之后，资本配置扭曲水平快速上升。

第二，实证研究表明，城市土地出让市场化显著降低资本和劳动力配置扭曲水平。分地区看，在东部城市，土地出让市场化显著降低资本和劳动力配置扭曲水平；在中部城市，土地出让市场化只对资本配置扭曲有显著改善作用，但对劳动力配置扭曲的影响不显著；在西部城市，土地出让市场化对资本和劳动力配置扭曲的影响均不显著。分时间段看，2008年金融危机前，城市土地出让市场化显著降低资本和劳动力配置扭曲水平；2008年金融危机后，城市土地出让市场化对资本和劳动力配置扭曲的改善作用均不显著。

---

① 2009年3月，中国人民银行与中国银行业监督管理委员会联合公布了《关于进一步加强信贷结构调整　促进国民经济平稳较快发展的指导意见》（银发〔2009〕92号），明确鼓励地方政府设立合规的政府投融资平台，激励金融机构加大对中央投资项目的信贷支持力度。

本章的研究结论不仅为地方政府通过土地出让市场化改革提高经济效率提供了理论依据和实证支持，还为地方政府提高资本和劳动配置效率提供新的抓手，对于我国在新常态形势下推动经济高质量发展具有一定参考价值。

第 6 章

城市土地出让市场化影响产业结构的实证检验

6.1 引言

从上一章的研究可知，在微观层面，城市土地出让市场化有助于资本和劳动资源配置效率提升。但在中观层面，城市土地出让市场化能否降低资本和劳动力在产业间流动的壁垒，促进资本和劳动力在产业间流动，从而实现市场力量驱动的产业结构优化和升级呢？目前，已有研究主要从两个方面考察城市土地出让市场化对产业结构的影响。一方面，工业用地市场化改革限制地方政府对工业用地的干预，使得工业土地价格上涨，进而对要素投入组合、生产技术、组织形式、产品结构产生升级压力，由此促进工业内部产业结构优化和升级（黄金升等，2017；张琳等，2018）。另一方面，土地出让市场化提高土地出让价格，对地区制造业发展形成“挤出效应”，不利于产业结构合理化水平提高（姜旭等，2019；Lu et al.，2020）。上述研究虽然为我们理解城市土地出让市场化影响产业结构变迁提供重要参考，但只限于工业和省域层面，并不能全面反映城市土地出让市场化与产业结构变迁的内在联系。另外，姜旭等（2019）、Lu et al.（2020）选择“招拍挂”出让宗数占比评估城市土地出让市场化水平存在较大误差，可能导致其结论存在较大不确定性。为了全面和系统地刻画城市土地出让市场化对产业结构变迁的影响，本章首先从产业结构高级化和产业结构合理化两个方面评价城市产业结构变迁，并比较和分析产业结构高级化和产业结构合理化的变化趋势。其次，结合第 3 章的理论分析构建计量模型，实证检验城市土地出让市场化对产业结构高级化和产业结构合理化的影响及其异质性。

6.2 实证研究设计

6.2.1 计量模型设定

为了检验城市土地出让市场化对产业结构变迁的影响，本章借鉴姜旭等（2019）、Lu et al.（2020）的做法，并结合前文理论分析设定如下计量模型

$$lnTS_{it}=\alpha_0+\alpha_1 MK_{it}+\beta_n X_{it}^n+\eta_i+\nu_t+\varepsilon_{it} \quad (6.1)$$

$$lnTL_{it}=\varphi_0+\varphi_1 MK_{it}+\varphi_2 (MK_{it})^2+\omega_n X_{it}^n+\eta_i+\nu_t+\varepsilon_{it} \quad (6.2)$$

在模型（6.1）和模型（6.2）中，下标 i 表示城市，t 表示年份，TS 表示产业结构高级化指数，TL 表示产业结构合理化指数，MK 表示城市土地出让市场化水平，η_i 是个体固定效应，ν_t 是时间效应，ε_{it} 为随机扰动项。X 是一组控制变量，包括城市的经济发展水平（$PGDP$）、地方政府对经济的干预（GOV）、城市规模（POP）、劳动力科学文化水平（STU）、信息化水平（PHO）、土地财政规模（MON）和对外开放度（OPE）。在模型（6.2）中，为了验证城市土地出让市场化与产业结构合理化之间的非线性变动关系，模型还引入土地出让市场化指数的二次项。另外，因为城市产业结构合理化指数是一个逆向指标，所以当模型（6.2）中土地出让市场化指数的一次项和二次项的回归系数均显著，且二次项回归系数为正时，表明城市土地出让市场化与产业结构合理化发展存在倒 U 型变动关系。

6.2.2 变量说明和数据来源

（1）被解释变量

产业结构高级化指数（TS）：在传统农业社会中，产业结构高级化一般使用非农产值的占比表示。但随着城市经济“服务化”趋势愈演愈烈，这种评价方法无法全面反映城市产业结构演变特征。考虑到城市经济最显著的特征是第三产业相对第二产业的较快增长（吴敬琏，2006），借鉴干春晖等（2011）和李志翠等（2015）的做法，本书使用第三产业和第二产业增加值的比值反映产业结构高级化发展水平。当第三产业与第二产业增加值的比值增大时，产业结构高级化水平升高，产业结构朝着“服务化”的方向发展。根据上述方法计算的产业结构高级化指数在样本期内的变动情况如图 6.1 所示。

图 6.1 显示，城市产业结构高级化指数呈现先下降后升高的 U 型变动趋势，其中，2011 年之前，城市产业结构高级化指数总体呈现下降趋势。

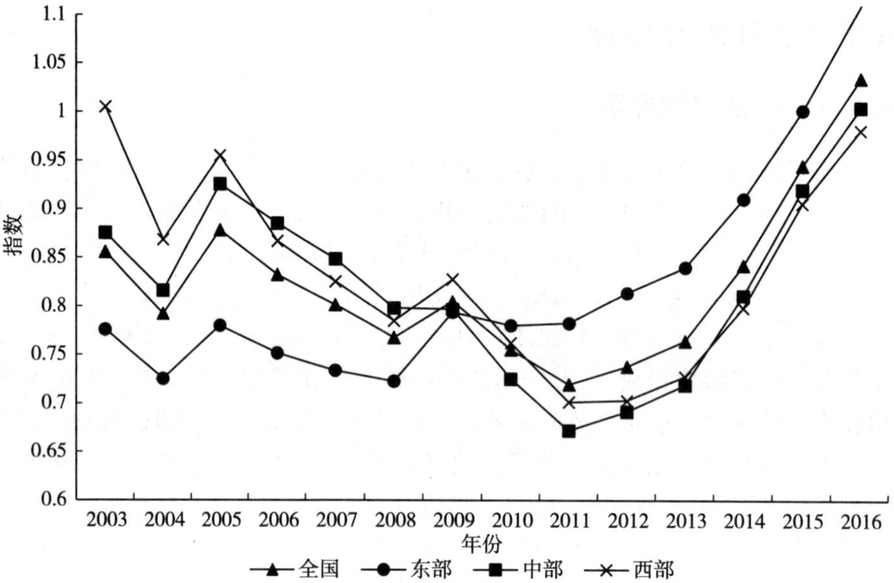

图 6.1　城市产业结构高级化指数变动情况

自 2001 年中国加入世界贸易组织（World Trade Organization，简称 WTO）以来，我国制造业产品出口快速增长，并通过“挤出效应”对服务业发展产生抑制作用（章潇萌和杨宇菲，2016），由此导致产业结构高级化水平下降。2011 年以后，产业结构高级化水平快速提升，可能原因有以下几点：

第一，2008 年金融危机之后，国际市场对我国制造业产品需求减少，为了化解产能过剩问题，我国政府推出了“三去一降一补”的供给侧结构性改革，主要目的是消减落后制造业产能，但由于先进制造业产能扩张速度落后于过剩产能淘汰速度，引发了快速的“去工业化”问题（魏后凯和王颂吉，2019）。

第二，近年来，我国劳动力成本和土地价格快速上涨，使得对成本更加敏感的制造业企业的利润率持续走低，抑制了制造业扩张（杨继生和黎娇龙，2018），从而促进产业结构高级化水平快速上升。

第三，党的十八大以来，我国更加重视生态文明和绿色发展。相对于服务业而言，部分制造业由于污染和耗能水平较高，导致其在国民经济中的“地位下降”（黄群慧，2014）。为了响应中央政府提出的绿色发展战略，各地政府纷纷把发展服务业作为扩大内需、吸纳就业、拉动增长的主力军，使得社会上较多资源流向服务业，在促进服务业快速扩张的同时，也对制造业投入产生“挤出效应”，从而导致城市产业结构高级化水平快速升高。

在图6.1中，分不同地区来看，2009年之前，西部城市的产业结构高级化水平最高，中部次之，东部最低；2009年之后，东部最高，中部次之，西部最低。造成两个时间段内不同地区产业结构高级化水平相对变化的可能原因有3个。第一，2008年金融危机对东部城市制造业打击相对更大。为了减小国际市场需求下降的冲击，东部地区的企业加快产业转型和升级步伐，积极淘汰落后和过剩的制造业产能，由此加快东部地区产业结构高级化发展进程。第二，近年来，东部城市生产和生活成本的快速攀升加速了去工业进程（魏后凯和王颂吉，2019），从而引起东部城市产业结构高级化水平快速上升。第三，西部大开发推动西部地区基础设施建设快速发展，并带动基础设施相关制造业快速扩张，从而抑制西部地区产业结构高级化发展（袁航和朱承亮，2018）。在以上3个方面的因素影响下，东部城市产业结构高级化水平相对快速上升，而西部城市产业结构高级化水平相对下降。

产业结构合理化（TL）：产业结构合理化就是对要素投入结构和产出结构耦合程度的一种衡量。已有文献通常使用产业结构偏离度指数衡量产业结构合理化程度。计算公式具体是

$$E_t = \sum_{i=1}^{n} \left| \frac{Y_{it}/L_{it}}{Y_t/L_t} - 1 \right| = \sum_{i=1}^{n} \left| \frac{Y_{it}/Y_t}{L_{it}/L_t} - 1 \right| \tag{6.3}$$

（6.3）式中E代表产业结构偏离度，i（$i=1$，2，3）代表产业，t代表年份，Y代表增加值，L代表就业人数，Y/L为劳动生产率，Y_i/Y表示产出结构，L_i/L表示就业结构。新古典经济学理论指出，当经济处于均衡状态时，不同产业的劳动生产率趋于相等，并且就业结构和产出结构也趋于一致，此时$E=0$。当产业间劳动生产率差异逐渐变大的时候，产出结构与就业结构偏离度也随之增大，表明经济偏离均衡状态，产业结构合理化发展水平下降。

在现实经济社会中，均衡状态是暂时的，非均衡状态才是经济发展的常态，所以E不可能等于0。另外，Chenery 和 Syrquin（1989）认为基于结构偏离度的评估有两个明显不足：一是结构偏离度分析忽视了不同产业的重要性；二是采用绝对值计算方法过于烦琐。为此，干春晖等（2011）借鉴泰尔指数（Theil Index）的构造思路，创新性地构建了评估产业结构合理化水平的计算方法。具体如下

$$TL_{it}=\sum_{i=1}^{n}\left(\frac{Y_i}{Y}\right)\ln\left(\frac{Y_i}{Y}/\frac{L_i}{L}\right) \tag{6.4}$$

从（6.4）式可以看出，该指数避免了绝对值计算，不仅保留了结构偏离度的经济意义，还考虑了产业相对重要性，即以各个产业占比为权重对产业结构和就业结构的偏离度进行加权。因此，这是一个很好的评价指标（干春晖等，2011）。当泰尔指数为 0 的时候，表明经济处于均衡状态，产业结构和就业结构处于一种完全协调的状态；当泰尔指数从 0 不断增大的时候，表明产业结构的偏离越来越严重，产业结构与就业结构的协调度下降。可以看出，产业结构合理化指数是一个逆向指标。本书测算的产业结构合理化指数在样本期内变动情况如图 6.2 所示。

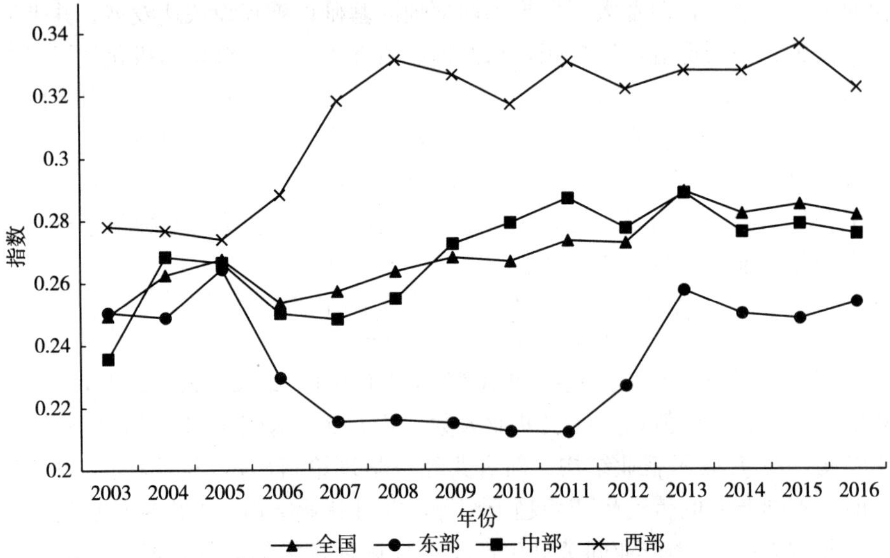

图 6.2　中国城市产业结构合理化指数变动情况

图 6.2 显示，在样本期内，中国城市的产业结构合理化指数缓慢上升，表明产业结构合理化发展水平下降，其中，2009 年之前的变化表现出波动性，这与干春晖等（2011）的研究结论一致。2009 年之后产业结构合理化指数缓慢升高，表明城市产业结构合理化发展水平有所下降。分地区看，东部城市产业结构合理化发展水平下降对全国产业结构合理化发展水平下降的贡献最大。造成东部城市产业结构合理化发展水平下降的可能原因有两个：第一，随着制造业在国民经济中的地位下降，各地政府把发展服务业作为扩

大内需、吸纳就业、拉动增长的主力军，使得生产资源更多流向了服务业，对制造业发展产生了显著的“挤出效应”（郭志勇和顾乃华，2013）；第二，近年来，东部城市劳动力、土地等生产要素价格快速上涨，导致工业企业利润率持续走低，一定程度上抑制了制造业发展。在以上两种力量综合作用下，东部城市不仅呈现出快速、过度的去工业化趋势，还使得以金融业和房地产业为主的虚拟经济快速膨胀，从而对产业结构合理化发展产生显著负面影响①。

（2）核心解释变量

城市土地出让市场化水平（*MK*5）：本章中的核心解释变量是城市土地出让市场化水平指数（*MK*5），具体计算方法和过程前文已有详细阐述，故此处不再赘述。同时，本书使用价格加权面积占比法计算的城市土地出让市场化指数（*MK*6）作为核心解释变量的替代变量进行稳健性检验。

（3）控制变量

城市经济发展水平（*PGDP*）：甘行琼等（2020）认为，经济发展水平对地区产业结构变迁具有重要影响。本书借鉴甘行琼等（2020）的做法，使用人均生产总值表示城市经济发展水平。劳动力文化水平（*STU*）：因为不同产业对劳动力文化水平的要求不同，所以劳动力文化水平影响产业发展优势，进而也对产业结构变迁产生重要影响（吴振华，2020）。省级层面的实证研究通常使用平均受教育年限表示劳动力的文化水平，但在城市层面，没有各级别学校在校人数的相关统计，且考虑到高校在校学生是即将从业、能有效补充从业人员数量和提高从业人员素质的群体，所以使用高校在校生人数作为代理变量表示劳动力文化水平是可行的（李建明等，2020）。另外，已有研究发现，地方政府对经济的干预（*GOV*）、对外开放度（*OPE*）、土地财政规模（*MON*）、城市规模（*POP*）和信息化水平（*PHO*）对产业结构变迁也有重要影响（Fujita 和 Tabuchi，1997；Duranton 和 Puga，2005；文东伟等，2009；陈志勇和陈莉莉，2011；郭志勇和顾乃华，2013；柯善咨和赵曜，2014；邵朝对等，2016；蔡海亚和徐盈之，2017；茶洪旺和左鹏飞，2017），所以也选择上述变量作为控制变量，上述变量的计算方法和过程前文

① 根据魏后凯和王颂吉（2019）研究发现，中国金融业占GDP的比重由2007年的5.6%快速增至2015年的8.4%，2017年小幅回落至7.9%，房地产业占GDP的比重由2007年的5.1%快速增至2017年的6.5%。房地产业和金融业组成的虚拟经济在生产总值中的比重已超过美国等发达国家。

已有详细阐述，此处不再赘述。使用变量的描述性统计如表 6.1 所示。

表 6.1 变量的描述性统计

变量	样本数	均值	标准差	最小值	最大值
*MK*5	3 342	0.388 9	0.092 4	0.138 2	1
*MK*6	3 342	0.364 0	0.121 3	0.137 5	1
*IV*5	3 017	0.390 7	0.060 7	0.138 1	0.732 4
*IV*6	3 017	0.361 5	0.066 7	0.051 6	0.759 4
TS	3 342	0.802 4	0.382 6	0.092 2	4.165 6
TL	3 342	0.264 9	0.204 2	0.000 1	1.721 8
OPE	3 342	0.021 4	0.023	0	0.199 2
POP	3 342	427.927 5	527.586 5	19.73	27 321.24
MON	3 342	0.045 6	0.197 0	0.000 1	7.723 5
PHO	3 342	300.168 3	332.371 6	0.086	3 377
PGDP	3 342	25 725.84	20 951.63	76.860 7	356 802.4
GOV	3 342	0.168 2	0.106 2	0.031 3	1.632 3
STU	3 342	77 074.65	140 859.4	1	1 057 281

6.3 实证检验与结果分析

6.3.1 基准回归结果分析

表 6.2 汇报了城市土地出让市场化对产业结构高级化和产业结构合理化的基准回归结果。面板 F 值表明选择固定效应模型优于混合面板模型。Hausman 检验显示选择固定效应模型是合理的。

表 6.2 基准回归结果

因变量	*lnTS*	*lnTS*	*lnTL*	*lnTL*	*lnTS*	*lnTS*
模型序号	(1)	(2)	(3)	(4)	(5)	(6)
*MK*5	0.205 6***		−0.057 9*	−0.810 7**		
	(0.030 5)		(0.034 3)	(0.389 2)		
*MK*5 * *MK*5				0.914 3**		
				(0.422 6)		

（续）

因变量 模型序号	*lnTS* (1)	*lnTS* (2)	*lnTL* (3)	*lnTL* (4)	*lnTS* (5)	*lnTS* (6)
*MK*6		0.024 0** (0.009 7)			−0.069 6* (0.040 2)	−0.685 3** (0.288 9)
*MK*6 * *MK*6						0.703 6** (0.325 6)
lnGOV	−0.208 0*** (0.021 5)	−0.277*** (0.055 6)	0.116 4* (0.059 4)	0.136 3** (0.054 5)	0.122 9* (0.066 4)	0.135 5** (0.054 5)
lnOPE	0.002 4 (0.002 1)	0.001 4 (0.003 7)	0.005 1 (0.005 9)	−0.008 6 (0.006 4)	−0.002 4 (0.006 5)	−0.007 6 (0.006 4)
lnPOP	−0.749 3*** (0.037 4)	−0.649*** (0.105)	−0.199 2 (0.099 4)	−0.008 0 (0.082 5)	−0.144 8 (0.110 8)	−0.017 7 (0.082 6)
lnMON	−0.010 1** (0.004 8)	−0.010 5 (0.007 4)	−0.037 5 (0.013 8)	−0.039 8*** (0.013 4)	−0.047 9*** (0.014 9)	−0.037 3*** (0.013 5)
lnSTU	0.005 9 (0.003 7)	0.004 10 (0.012 4)	0.136 2 (0.010 4)	0.015 1 (0.024 1)	0.013 2 (0.011 6)	0.010 7 (0.011 6)
lnPHO	0.016 8* (0.009 2)	0.018 3 (0.015 2)	0.092 8*** (0.029 1)	0.084 0*** (0.025 2)	0.099 9*** (0.028 5)	0.080 5*** (0.026 9)
lnPGDP	−0.950 2*** (0.009 6)	−0.901*** (0.087 6)	−0.294 8*** (0.079 9)	0.011 6 (0.041 6)	−0.190 1** (0.088 9)	0.004 7 (0.041 9)
常数项	16.819 4*** (0.439 9)	15.69*** (1.269)	12.469 1 (1.172 1)	−11.508 8*** (0.696 1)	11.029 9*** (1.310 4)	−13.420 4*** (0.635 7)
个体效应	控制	控制	控制	控制	控制	控制
时间效应	控制	控制	控制	控制	控制	控制
F 值	64.39 [0.000 0]	63.73 [0.000 0]	6.07 [0.000 0]	3.76 [0.000 0]	5.79 [0.000 0]	3.79 [0.000 0]
Hausman 检验	483.47 [0.000 0]	483.47 [0.000 0]	196.38 [0.000 0]	196.14 [0.000 0]	198.63 [0.000 0]	199.34 [0.000 0]
LRT			62.97 [0.000 0]	81.39 [0.000 0]		
调整 R^2	0.871 7	0.860 6	0.830 9	0.834 2	0.831 2	0.833 9
N	3 342	3 342	3 342	3 342	3 342	3 342

注：表中圆括号内为标准误，方括号内为概率值。* $p<0.1$，** $p<0.05$，*** $p<0.01$。

表6.2中的模型（1）和模型（2）显示，城市土地出让市场化指数的系数在1%的水平下均显著为正，表明城市土地出让市场化对产业结构高级化有显著促进作用。正如前文理论分析，一方面，城市土地出让市场化改变工业用地价格偏低的局面，削弱工业成本优势，促使工业资源不断向收益更高的商业和服务业流动，在抑制制造业扩张的同时，还促进服务业发展；另一方面，城市土地出让市场化推高房价，带动房地产业快速扩张，进而对其他产业的投资产生“挤出效应”，甚至促使部分制造业投资转向房地产及其相关服务业，在抑制制造业发展的同时，还促进第三产业扩张。由此可知，城市土地出让市场化通过上述两个路径促进产业结构高级化发展。

控制变量中，代表政府干预的变量 $lnGOV$ 的系数在1%的水平下显著为负，表明地方政府干预经济对产业结构高级化发展有抑制作用。代表对外开放水平的变量 $lnOPE$ 的系数为正，但不显著，原因可能是外商直接投资与产业结构高级化之间可能存在非线性关系（张鹏和邹家骏，2019）。代表城市规模的变量 $lnPOP$ 的系数在1%的水平下显著为负，表明城市规模扩大对产业结构高级化有显著抑制作用，这与国际经验不同，但与杨晓锋（2017）的研究结论一致。一般认为，随着城市规模扩大，第三产业增长速度将会超过第二产业，所以城市规模扩大对产业结构高级化有促进作用（Henderson，1997；Kolko，1999），但柯善咨和赵曜（2014）发现，因为我国产业结构和城市规模之间存在较强的协同作用，所以城市规模与产业结构并不是简单的线性关系。当城市规模较小时，产业结构高级化水平随着城市规模扩大而下降；但当城市规模超过一定值以后，产业结构高级化水平随着城市规模扩大而提高。目前来看，我国城市规模整体偏小（Au 和 Henderson，2006），使得城市规模与产业结构高级化整体呈现负向变动关系。代表土地财政规模的变量 $lnMON$ 的系数在1%的水平下显著为负，表明土地财政规模扩大显著抑制产业结构高级化发展。已有研究表明，在“晋升锦标赛”激励下，地方政府除了将土地出让收入投入城市公共设施建设之外，还将之用于扶持那些能够带来更多 GDP 和税收的工业发展，由此抑制产业结构高级化发展（李勇刚和王猛，2015）。代表人力资本水平的变量 $lnSTU$ 和代表信息化水平的变量 $lnPHO$ 的系数都为正，但都不显著，表明人力资本水平和信息化水平对产业结构高级化的影响不显著。代表经济发展水平的变量 $lnPGDP$ 的系数在1%的水平下显著为负，表明经济发展水平提高对产业结构高级化有显著抑制作用，这也与杨晓锋（2017）的研究结论一致。

表 6.2 中的模型（3）至模型（6）是城市土地出让市场化影响产业结构合理化的回归结果，似然比检验（LRT）结果显示含有土地出让市场化二次项的模型（4）和模型（6）优于模型（3）和模型（5），所以本书选择模型（4）和模型（6）进行汇报。模型（4）和模型（6）的回归结果显示，城市土地出让市场化指数的一次项和二次项系数均显著，且二次项系数为正，表明城市土地出让市场化与产业结构合理化发展存在倒 U 型变动关系。即当城市土地出让市场化处于较低水平时，继续提高城市土地出让市场化水平会促进产业结构合理化发展；但当土地出让市场化水平超过一定值后，继续提高城市土地出让市场化水平则会抑制产业结构合理化发展①。正如前文理论分析，城市土地出让市场化对产业结构合理化有两种方向截然相反的作用：在土地出让市场化水平较低的时候，土地出让市场化主要通过限制地方政府低价出让工业用地促进二、三产业协调发展，由此促进产业结构合理化发展；但当土地出让市场化达到较高水平时，土地出让市场化通过限制地方政府低价出让工业用地对产业结构合理化发展的影响较小，而通过推高房价和要素成本对产业结构合理化发展的负面影响较大，此时抑制作用处于主导地位，即继续提高城市土地出让市场化水平抑制产业结构合理化发展。因此整体来看，城市土地出让市场化与产业结构合理化发展呈现倒 U 型变动关系。按照伍德里奇（2007）的做法，本书得出城市土地出让市场化指数的转折点为 0.443 3 [以模型（3）计算得出]②。在本书的样本中，有 71.6%（2 394个）的样本的市场指数（*MK*5）小于 0.443 3，即对于这些低于转折点的城市而言，土地出让市场化水平的提高促进了产业结构合理化发展；而对于剩余 28.4%的样本而言，土地出让市场化水平提高不利于产业结构合理化发展。

另外，在表 6.2 的模型（3）和模型（4）中，代表政府干预的变量 *lnGOV* 的系数在 1%的水平下显著为正，表明地方政府干预阻碍产业结构合理化发展。在“政治锦标赛”的考核体制下，地方政府为了提高地区经济竞争力，往往忽视自身资源禀赋，支持和引进一些相似度较高的产业，从而对地区产业结构合理化发展产生负面影响。代表土地财政规模的变量 *lnMON* 的

① 产业结构合理化指数是逆向指标，即产业结构合理化发展水平与产业结构合理化指数呈反向变动关系。

② 转折点的具体计算公式是：$x^* = |\alpha_1 / 2\hat{\alpha}_2|$。

系数在模型（3）和模型（4）中显著为负，表明土地财政规模扩大促进产业结构合理化发展。这与陶长琪和刘振（2017）的研究结论一致。他们认为，土地财政通过两个渠道促进产业结构合理化发展：第一，土地财政目标引导土地使用结构的变化促进了制造业快速发展，从而带动产业结构趋于合理；第二，土地财政增强地方政府引导优势产业发展的能力，间接促进产业结构协调发展。代表城市规模的变量 *lnPOP*、信息化水平的变量 *lnPHO*、人力资本水平的变量 *lnSTU* 和经济发展水平的变量 *lnPGDP* 的系数在模型（3）和模型（4）中都不显著，表明城市规模、信息化水平、人力资本水平和经济发展水平对产业结构合理化的影响不显著。

6.3.2 内生性检验：基于工具变量回归方法的检验

考虑到前文的基准回归可能存在遗漏变量和统计误差，进而导致内生性问题，本章选择同省份其他城市土地出让市场化水平的均值作为该城市土地出让市场化指数的工具变量，重新对实证模型回归，回归结果如表 6.3 所示。在表 6.3 中，所有模型的工具变量识别不足检验统计量的 P 值小于10%，弱识别检验统计量的值都大于 10%的显著性临界值，表明选取的工具变量有效可靠。模型（1）和模型（2）的估计结果显示，土地出让市场水平在 1%的水平下显著为正，表明城市土地出让市场化促进产业结构高级化发展。模型（3）和模型（4）的估计结果显示，土地出让市场化指数的一次项和二次项系数均显著，且二次项系数为正，表明土地出让市场化指数与产业结构合理化发展存在倒 U 型变动关系。综上可得，工具变量的回归结果与基准回归结果基本一致，表明基准回归稳健可靠。

表 6.3 工具变量的回归结果

因变量	*lnTS*	*lnTS*	*lnTL*	*lnTL*
模型序号	(1)	(2)	(3)	(4)
*MK*5	1.423 9*** (0.186 2)		−21.029 5** (9.172 1)	
*MK*5 * *MK*5			19.045 7** (8.297 7)	
*MK*6		1.839 6*** (0.306 9)		−21.827 1** (10.878 2)

（续）

因变量	*lnTS*	*lnTS*	*lnTL*	*lnTL*
模型序号	(1)	(2)	(3)	(4)
*MK6 * MK6*				18.869 0** (9.423 0)
控制变量	控制	控制	控制	控制
个体效应	控制	控制	控制	控制
时间效应	控制	控制	控制	控制
识别不足检验 (Wald P 值)	43.027 [0.000 0]	46.496 [0.000 0]	24.936 [0.000 0]	21.423 [0.000 0]
弱识别检验（F 值）	36.991	31.885	20.137	18.438
N	3 272	3 272	3 272	3 272

注：表中圆括号内为标准误，方括号内为概率值。* $p<0.1$，** $p<0.05$，*** $p<0.01$。弱工具变量 Stock－Yogo 检验 10%的临界值是 16.38。

6.3.3　区域异质性分析

考虑到一些无法控制的地区差异可能对城市土地出让市场化与产业结构的关系产生影响，按照前文划分标准，本章也将所有城市分为东、中、西部地区 3 个样本组分别回归。回归结果如表 6.4 所示。面板 F 值表明选择固定效应模型优于混合面板模型。Hausman 检验显示应该选择固定效应模型。另外，以 *MK*6 为自变量的稳健性检验结果与以 *MK*5 为自变量的回归结果基本一致，由于篇幅限制，表 6.4 省略了稳健性检验结果和控制变量的回归结果。

东部城市回归结果如表 6.4 中的模型（1）至模型（4）所示。其中，模型（1）和模型（3）的回归结果显示，城市土地出让市场化的系数在 5%的水平下都显著为正，表明在东部城市，土地出让市场化促进产业结构高级化发展。模型（2）和模型（4）的回归结果显示，城市土地出让市场化指数的一次项和二次项的系数均显著，且二次项系数显著为负，表明在东部地区，土地出让市场化与产业结构合理化发展存在 U 型变动关系，这与全国层面的实证结果相反，但测算转折点后发现，94.6%以上的样本点都在转折点左边，表明对于绝大多数的东部城市而言，土地出让市场化不利于产业结构合

表 6.4　分地区的回归结果

所属地区	东部地区				中部地区				西部地区			
回归方法	固定效应模型回归		工具变量回归		固定效应模型回归		工具变量回归		固定效应模型回归		工具变量回归	
因变量	*lnTS*	*lnTL*	*lnTS*	*lnTL*	*lnTS*	*lnTL*	*lnTS*	*lnTS*	*lnTS*	*lnTL*	*lnTS*	*lnTL*
模型序号	(1)	(2)	(3)	(4)	(5)	(6)	(7)	(8)	(9)	(10)	(11)	(12)
*MK*5	0.188 2***	1.629 9***	1.153 9***	23.788***	0.157 2***	−1.785 0**	2.303 1***	−36.009***	0.180 6***	−1.785 0**	0.201 9**	−15.720 6*
	(0.042 6)	(0.560 8)	(0.215 1)	(6.483 3)	(0.053 7)	(0.902 3)	(0.816)	(13.962 6)	(0.060 7)	(0.902 3)	(0.102 2)	(9.450 5)
*MK*5 * *MK*5		−1.290 2**		−21.390***		1.886 1*		28.524 6***		1.886 1*		13.441 2*
		(0.598 4)		(7.080 1)		(1.049 2)		(11.048 8)		(1.049 2)		(8.055 9)
常数项	11.892 0***	13.421 4***			16.938***	−18.405***		40.60	20.322***	−18.405***		
	(0.741 1)	(2.261 2)			(0.713 3)	(1.583 0)		[0.000 0]	(0.873 8)	(1.583 0)		
控制变量	控制	控制	控制	控制	控制	控制	控制	控制	控制	控制	控制	控制
个体效应	控制	控制	控制	控制	控制	控制	控制	控制	控制	控制	控制	控制
时间效应	控制	控制	控制	控制	控制	控制	控制	控制	控制	控制	控制	控制
F 值	42.29	9.84	39.54	6.39	61.04	2.15	74.28	40.60	32.37	2.15	35.58	51.77
	[0.000 0]	[0.000 0]	[0.000 0]	[0.000 0]	[0.000 0]	[0.005 7]	[0.000 0]	[0.000 0]	[0.000 0]	[0.005 7]	[0.000 0]	[0.000 0]
Hausman 检验	193.41	199.34			78.91	115.48			120.47	115.48		
	[0.000 0]	[0.000 0]			[0.000 0]	[0.000 0]			[0.000 0]	[0.000 0]		
识别不足检验（Wald P 值）			37.556	26.928			34.233	19.873			34.572	56.562
			[0.000 0]	[0.000 0]			[0.000 0]	0.000 0			[0.000 0]	0.000 0
弱识别检验（F 值）			36.220	22.684			22.749	19.825			33.315	20.548
调整 R^2	0.855 1	0.858 2			0.896 3	0.797 2			0.873 1	0.797 2		
N	1 253	1 253	1 197	1 197	1 195	1 195	1 195	1 195	894	894	880	880

注：表中圆括号内为标准误，方括号内为概率值。* $p<0.1$，** $p<0.05$，*** $p<0.01$。弱工具变量 Stock - Yogo 检验 10%的临界值是 16.3。

理化发展①。为了验证上述结论，还使用线性模型重新对产业结构合理化指数与土地出让市场化指数进行回归，发现城市土地出让市场化指数的回归系数显著为正，表明在东部城市，土地出让市场化抑制产业结构合理化发展，这也佐证了模型（2）和模型（4）的结论稳健可靠②。2003 年以来，东部城市土地供应量的相对收缩加剧了市场主体对土地资源的竞争（陆铭等，2015），放大了城市土地出让市场化对房价的助推作用，引起房价快速上涨。房价的快速攀升不仅带动房地产相关的消费性服务业快速扩张，还通过对工业的“挤出效应”加速东部城市的去工业化进程（魏后凯和王颂吉，2019），导致“产业结构虚高”（郭志勇和顾乃华，2013），进而对城市产业结构合理化发展产生不利影响。工具变量的回归结果与模型（2）和模型（4）的结论基本一致，表明模型（2）和模型（4）的结论稳健可靠。

中部城市回归结果如表 6.4 中的模型（5）至模型（8）所示。其中，模型（5）和模型（7）的回归结果显示，城市土地出让市场化的系数显著为正，表明在中部城市，土地出让市场化促进产业结构高级化发展。模型（6）和模型（8）的回归结果显示，城市土地出让市场化指数的一次项和二次项系数都显著，且二次项系数为正，表明在中部城市，城市土地出让市场化与产业结构合理化发展存在倒 U 型变动关系：在城市土地出让市场化处于较低水平时，提高城市土地出让市场化水平会促进产业结构合理化发展；但当土地出让市场化水平超过一定值后，继续提高城市土地出让市场化水平会抑制产业结构合理化发展，这与全国层面的研究结论一致。

西部城市回归结果如表 6.4 中的模型（9）至模型（12）所示。其中，模型（9）和模型（11）的回归结果显示，城市土地出让市场化的系数显著为正，表明在西部城市，土地出让市场化显著促进产业结构高级化发展。模型（10）和模型（12）的回归结果显示，土地出让市场化指数的一次项和二次项系数都显著，且二次项系数为正，表明西部城市的土地出让市场化与产业结构合理化发展呈倒 U 型变动关系，这与全国层面的研究结论一致。

---

① 使用模型（5）的回归结果计算得出拐点处的值为 0.631 6，在东部城市中，有 1 184 个样本的土地出让市场化指数大于 0.631 6。

② 由于篇幅限制，表 6.4 中未列出城市土地出让市场化与产业结构合理化的线性回归结果。

6.3.4 工业用地出让市场化政策实施前后的比较分析

2007 年工业用地出让市场化改革政策实施必然对工业和服务业发展产生不同影响，进而可能使得土地出让市场化与产业结构高级化的关系有所不同。为此，本章以 2006 年为界，将整个样本分为两个子样本分别回归。回归结果如表 6.5 所示。

表 6.5 分时间段的回归结果

时间区间	2003—2006 年				2007—2016 年			
回归方法	固定效应模型		工具变量回归		固定效应模型		工具变量回归	
因变量	*lnTS*	*lnTS*	*lnTS*	*lnTS*	*lnTS*	*lnTS*	*lnTS*	*lnTS*
模型序号	(1)	(2)	(3)	(4)	(5)	(6)	(7)	(8)
*MK*5	0.001 5 (0.043 5)		−0.060 1 (0.068 3)		0.300 1 *** (0.045 6)		0.668 8 *** (0.094 4)	
*MK*6		−0.023 2 (0.035 4)		−0.000 9 (0.056 0)		0.132 7 *** (0.032 4)		0.549 4 *** (0.085 8)
常数项	8.091 5 *** (1.310 4)	8.082 8 *** (1.309 3)			21.282 *** (0.498 7)	21.399 *** (0.500 9)		
控制变量	控制	控制	控制	控制	控制	控制	控制	控制
个体效应	控制	控制	控制	控制	控制	控制	控制	控制
时间效应	控制	控制	控制	控制	控制	控制	控制	控制
F 值	8.48 [0.000 0]	8.53 [0.000 0]	4.29 [0.000 1]	4.20 [0.000 1]	213.32 [0.000 0]	209.36 [0.000 0]	114.95 [0.000 0]	112.30 [0.000 0]
Hausman 检验	54.14 [0.000 0]	53.88 [0.000 0]			681.75 [0.000 0]	677.34 [0.000 0]		
识别不足检验（Wald P 值）			297.625 [0.000 0]	295.582 [0.000 0]			605.103 [0.000 0]	496.091 [0.000 0]
弱识别检验（F 值）			178.557	176.480			355.477	275.701
调整 R^2	0.933 4	0.925 7			0.910 6	0.908 4		
N	753	753	733	733	2 589	2 589	2 539	2 539

注：表中圆括号内为标准误，方括号内为概率值。* $p<0.1$，** $p<0.05$，*** $p<0.01$。弱工具变量 Stock－Yogo 检验 10%的临界值是 16.38。

表 6.5 汇报了分时间段的回归结果，面板 F 值表明选择固定效应模型优于混合面板模型，Hausman 检验结果表明应该选择固定效应模型。在模型（1）和模型（2）中，城市土地出让市场化指数的系数都不显著，表明在 2003—2006 年，城市土地出让市场化对产业结构高级化发展的影响不显著。工具变量回归结果也支持以上结论，表明这一结论稳健可靠。城市土地出让市场化对产业结构高级化影响不显著的可能原因是：2007 年之前中央政府只要求商用土地使用“招拍挂”方式出让，而工业用地还是以协议出让为主，在上述情况下，城市土地出让市场化不仅没有减小工业用地和商用土地间的价格剪刀差，还通过商用土地出让市场化增加土地出让收入，增强地方政府横向补贴工业的能力，进而削弱城市土地出让市场化对产业结构高级化的促进作用，使得城市土地出让市场化对产业结构高级化的促进作用不显著。模型（5）至模型（8）汇报了 2007—2016 年的回归结果，可以看出，城市土地出让市场化的系数在 1%的水平下都显著为正，表明城市土地出让市场化显著促进产业结构高级化发展。2007 年，中央政府强制要求工业用地必须使用“招拍挂”方式出让，不仅显著促进城市土地出让市场化水平提升，还通过两个途径促进产业结构高级化发展。第一，工业土地出让市场化推高工业用地价格，削弱工业成本优势（傅东平和杨景院，2017；张琳等，2018），造成工业资源不断向收益更高的商业和服务业流动（夏方舟等，2014），对制造业产生抑制作用的同时（李志翠等，2015；周彬和周彩，2018），也促进了服务业发展。第二，城市土地出让市场化推高商用土地价格，并在“预期成本效应”的作用下推高房价水平（邵新建等，2012），短期内虽然带动建筑业和相关工业发展，但在长期，随着房价不断攀升，房地产及其相关服务业吸引更多资源投入，甚至造成部分制造业投资转向房地产及其相关服务业，在抑制制造业发展的同时，还促进第三产业扩张，从而促进产业结构高级化发展。工具变量的回归结果与上述结论一致，表明上述结论稳健可靠。

6.4　小结

本章考察了城市土地出让市场化对产业结构的影响：首先，测算了产业结构高级化指数和产业结构合理化指数，并分析产业结构高级化和产业结构合理化的变化趋势及原因；其次，在考虑了异质性和内生性的基础上，实证检验土地出让市场化对产业结构高级化和产业结构合理化的影响。通过以上分析，研究结论如下。

第一，在样本期内，产业结构高级化指数呈现先下降后快速升高的U型变化趋势，表明城市经济服务化进程加快。同时，产业结构合理化指数缓慢上升，表明产业结构协调程度有所下降。

第二，实证研究发现，城市土地出让市场化对产业结构变迁有显著影响。一方面，城市土地出让市场化促进产业结构高级化发展；另一方面，城市土地出让市场化与产业结构合理化发展呈现倒U型变动关系，即在土地出让市场化水平较低的时候，提高土地出让市场化水平会促进产业结构合理化发展；但当土地出让市场化达到较高水平时，继续提高土地出让市场化水平会抑制产业结构合理化发展。测算转折点后发现，71.6%的样本位于转折点的左边，即城市土地出让市场化整体上促进了产业结构合理化发展。分地区看，东部城市土地出让市场化不利于产业结构合理化发展，中部和西部城市土地出让市场化与产业结构合理化发展呈现倒U型变动关系。分时间段看，城市土地出让市场化对产业结构高级化的促进作用在工业用地出让市场化政策实施后显著，但之前不显著。

第三，本章不仅从产业结构高级化和产业结构合理化两个方面评估了我国城市产业结构变迁，还考察了土地出让市场化对产业结构变迁的影响，这对于我国优化产业结构和建设高标准现代经济体系具有一定参考价值。

第 7 章

城市土地出让市场化影响固定资产投资的实证检验

7.1 引言

理论上讲，城市土地出让市场化通过两个路径影响固定资产投资：一方面，城市土地出让市场化限制地方政府干预土地资源配置，尤其对地方政府的“以地引资”行为起到约束作用，从而可能对固定资产投资产生不利影响；另一方面，城市土地出让市场化推高地价和房价，不仅增加地方政府土地出让收入，还增强企业融资能力，从而促进地方政府和企业的固定资产投资（徐升艳等，2018）。因此，城市土地出让市场化对固定资产投资的影响取决于两个不同方向作用的大小，存在不确定性。为了对以上问题给出明确回答，本章结合第 3 章理论分析，实证检验城市土地出让市场化对固定资产投资的影响。

7.2 实证研究设计

7.2.1 计量模型设定

为了考察城市土地出让市场化对固定资产投资的影响，借鉴徐升艳等（2018）的做法，并结合前文的理论分析设定如下计量模型

$$lnINV_{it}=\alpha_0+\alpha_1 MK_{it}+\beta_n X_{it}^n+\eta_i+\nu_t+\varepsilon_{it} \qquad (7.1)$$

其中，下标 i 表示城市，t 表示年份，INV 表示城市固定资产投资额，MK 表示城市土地出让市场化水平。X 是一组控制变量，包括对外开放度（OPE）、经济发展水平（$PGDP$）、产业结构高级化水平（TL）、预算内财政缺口（DEF）和人口密度（DEN）。此外，η_i 是个体固定效应，ν_t 是时间

效应，ε_{it} 为随机扰动项。

7.2.2 变量说明和数据来源

(1) 被解释变量

根据前文理论分析可知，城市土地出让市场化影响城市固定资产投资，所以选取城市固定资产投资额（*INV*）作为被解释变量。

(2) 核心解释变量

城市土地出让市场化水平（*MK*5）：本章核心解释变量是土地出让市场化指数（*MK*5），具体计算方法和过程本书第 4 章已经说明，此处不再赘述。同时，本章研究还使用价格加权面积占比法计算的城市土地出让市场化指数（*MK*6）作为核心解释变量的替代变量进行稳健性检验。

(3) 控制变量

对外开放度（*OPE*）：已有研究发现，对外开放促进中国融入国际市场，并对国内生产能力和技术水平产生更高要求（江小涓，2011），从而对我国固定资产投资产生促进作用。本书参考相关文献做法，使用外商直接投资占 GDP 的比值表示对外开放度。因为部分城市外商直接投资为 0，所以使用陈国亮和陈建军（2012）的方法，将其加 1 后再取对数。

经济发展水平（*PGDP*）：地区经济发展水平提升不仅增强市场主体融资能力，还增加地方政府税收收入，从而影响地方固定资产投资。为了控制经济发展水平对固定资产投资的影响，本书选取人均生产总值表示经济发展水平。

预算内财政缺口（*DEF*）：已有研究发现，地方政府为了缓解不断增大的财政压力不得不参与到"竞次"的投资竞争中（陶然等，2019），所以预算内财政缺口对固定资产投资有重要影响。本书中参照徐升艳等（2018）的做法，使用财政预算收入减去财政预算支出表示财政缺口。

人口密度（*DEN*）：城市人口密度增加有助于生产性服务业集聚，不仅促进劳动报酬增加，还改善收入分配结构，推动经济由"投资驱动"向"消费驱动"转变（曾艺等，2019），由此对固定资产投资产生影响。借鉴曾艺等（2019）的做法，本书使用单位面积的人口数表示人口密度。

产业结构高级化水平（*TS*）：考虑到产业结构与固定资产投资存在一定动态变动关系，所以本书控制了产业结构高级化发展的影响。产业结构高级化水平的计算方法在前文已有详细说明。

本章使用数据的来源在前文已有详细说明，不再赘述。使用变量的描述性统计如表 7.1 所示。

表 7.1　变量的描述性统计

变量	样本数	均值	标准差	最小值	最大值
*MK*5	3 342	0.388 9	0.092 4	0.138 2	1
*MK*6	3 342	0.364 0	0.121 3	0.137 5	1
*IV*5	3 017	0.390 7	0.060 7	0.138 1	0.732 4
*IV*6	3 017	0.361 5	0.066 7	0.051 6	0.759 4
DEF	3 342	0.687 7	0.096 5	−0.435 8	1.957 1
DEN	3 342	1.271 0	4.258 2	0.000 9	156.22
MON	3 342	0.045 6	0.197 0	0.000 1	7.723 5
TS	3 342	0.815 9	0.383 3	0.094 3	4.165 6
TEA	3 342	4 980.634	9 462.194	0	67 549
PGDP	3 342	25 725.84	20 951.63	76.860 7	356 802.4
FDI	3 342	0.088 1	0.104 6	0	0.685 4

7.3　实证检验与结果分析

7.3.1　基准回归结果分析

表 7.2 汇报了城市土地出让市场化影响固定资产投资的基准回归结果。所有模型中，面板 F 值表明选择固定效应模型优于混合面板模型。Hausman 检验表明选择固定效应模型是合理的。模型（2）和模型（4）的回归结果显示，城市土地出让市场化指数的回归系数始终显著为正，表明城市土地出让市场化促进固定资产投资，这与本书第 3 章的理论分析一致，即城市土地出让市场化促进土地资本化和土地融资，为城市建设筹集更多建设资金，从而推动固定资产投资扩张。

表 7.2　基准回归结果

模型序号	(1)	(2)	(3)	(4)
*MK*5	0.097 4* (0.054 3)	0.153 8*** (0.047 9)		

（续）

模型序号	(1)	(2)	(3)	(4)
MK6			0.087 9*	0.108 6***
			(0.045 3)	(0.040 1)
lnDEN		−0.055 5* **		−0.054 2***
		(0.009 3)		(0.009 3)
lnPGDP		0.703 3***		0.705 3**
		(0.046 6)		(0.046 6)
lnOPE		0.019 0***		0.018 9***
		(0.003 2)		(0.003 3)
lnTS		−1.396 5***		−1.381 7***
		(0.112 9)		(0.112 6)
DEF		0.287 9***		0.286 7***
		(0.073 3)		(0.073 3)
lnMON		0.020 6**		0.020 3**
		(0.009 2)		(0.009 2)
常数项	13.963 3***	5.314 0***	13.953 1***	5.280 9***
	(0.028 3)	(0.787 9)	(0.025 9)	(0.788 2)
个体效应	控制	控制	控制	控制
时间效应	控制	控制	控制	控制
F 值	1 445.21	1 380.78	1 446.74	1 379.32
	[0.000 0]	[0.000 0]	[0.000 0]	[0.000 0]
Hausman 检验	111.52	106.55		
	[0.000 0]	[0.000 0]	[0.000 0]	[0.000 0]
调整 R^2	0.940 9	0.955 0	0.950 1	0.960 3
N	3 342	3 342	3 342	3 342

注：表中圆括号内为标准误，方括号内为概率值。* $p<0.1$，** $p<0.05$，*** $p<0.01$。控制变量 *DEF* 有负值，所以回归时没有取对数。

在表 7.2 的控制变量中，代表人口密度的变量 *lnDEN* 的回归系数显著为负，表明城市人口密度增加对固定资产投资有抑制作用。代表经济发展水平的变量 *lnPGDP* 的回归系数显著为正，表明经济发展通过增强市场主体的融资能力和增加地方政府税收收入促进固定资产投资。代表对外开放的变量 $lnOPE$ 的回归系数显著为正，表明对外开放刺激我国增强生产能力和提高生产技术，从而有助于增加固定资产投资。代表产业结构高级化水平的变量 $lnTS$ 的回归系数显著为负，表明产业结构高级化发展对固定资产投资有抑制作用。代表预算内财政缺口的变量 DEF 的回归系数显著为正，表明地方财政缺口越大，地方固定资产投资规模越大。代表土地财政规模的变量 $lnMON$ 的回归系数显著为正，表明土地财政规模扩大有助于增强地方政府的投资能力，从而促进固定资产投资。

7.3.2　内生性检验：基于工具变量和动态面板回归方法的检验

为了克服由于遗漏变量和统计误差导致的内生性问题，与前文一致，本章选择同省份其他城市土地出让市场化水平的均值作为该城市土地出让市场化指数的工具变量，重新对实证模型回归。另外，考虑到固定资产投资大多是跨年度完成，具有路径依赖特征，本章还使用动态面板的系统 GMM 回归方法重新对实证模型进行回归，回归结果如表 7.3 所示。

表 7.3　内生性检验回归结果

回归方法	工具变量回归		动态面板的系统 GMM 回归	
模型序号	(1)	(2)	(3)	(4)
L. $lnINV$			0.652 4*** (0.036 6)	0.572 2*** (0.049 2)
$MK5$	0.190 3** (0.076 4)		0.311 2*** (0.080 7)	
$MK6$		0.213 2*** (0.065 0)		0.884 2*** (0.179 1)
控制变量	控制	控制	控制	控制
个体效应	控制	控制	控制	控制
时间效应	控制	控制	控制	控制
识别不足检验 (Wald P 值)	114.033 [0.000 0]	44.498 [0.000 0]		
弱识别检验（F 值）	108.188	41.308		
Hansen 检验的 p 值			0.760	0.694

（续）

回归方法	工具变量回归		动态面板的系统 GMM 回归	
模型序号	（1）	（2）	（3）	（4）
AR（2）检验的 p 值			0.364	0.417
N	3 272	3 272	3 082	3 082

注：表中圆括号内为标准误，方括号内为概率值。* $p<0.1$，** $p<0.05$，*** $p<0.01$。弱工具变量 Stock－Yogo 检验 10%的临界值是 16.38。

表 7.3 展示了内生性检验结果。模型（1）和模型（2）是工具变量回归结果，工具变量识别不足检验统计量的 P 值小于 1%，弱识别检验统计量的值大于 10%的显著性临界值，表明本书选取的工具变量有效可靠。模型（3）和模型（4）是动态面板的系统 GMM 回归结果，其中，AR（2）检验的 P 值大于 10%，表明在 10%的水平上可以接受误差项二阶序列不相关的原假设，Hansen 过度识别检验表明在 10%的显著性水平上不能拒绝工具变量有效的原假设。AR（2）检验结果和 Hansen 检验结果表明使用系统 GMM 是合适的。另外，因变量的滞后一期在 10%水平下显著，证实了前文关于固定资产投资存在路径依赖的猜想，也表明本研究选择动态面板数据模型是合理的。在工具变量与动态面板的系统 GMM 回归结果中，城市土地出让市场化指数的系数均显著为正，表明城市土地出让市场化促进固定资产投资规模的扩张。工具变量回归、动态面板的系统 GMM 回归与基准回归的结果基本一致，表明基准回归结果稳健可靠。

7.3.3 区域异质性分析

为了考察不同地区城市土地出让市场化对固定资产投资影响的差异，本章按照前文的划分标准将全部城市分为东、中、西部地区 3 个样本组分别回归，回归结果如表 7.4 所示。在所有固定效应回归模型中，面板 F 值表明选择固定效应模型优于混合面板模型，Hausman 检验表明选择固定效应模型优于随机效应模型。固定效应模型回归结果显示，城市土地出让市场化对固定资产投资的回归系数在 3 个地区均显著为正，表明土地出让市场化通过推动土地资本化和土地融资为城市建设筹集更多建设资金，从而促进固定资产投资。工具变量回归结果显示，工具变量识别不足检验统计量的 P 值小于 10%，弱识别检验统计量的值大于 1%的显著性临界值，表明本书选取的工具变量有效可靠。工具变量回归与基准回归结果基本保持一致，表明前文

表 7.4　分地区回归结果

地区分类	东部地区				中部地区				西部地区			
回归方法	固定效应模型回归		工回归方法		固定效应模型回归		工具变量回归		固定效应模型回归		工具变量回归	
模型序号	(1)	(2)	(3)	(4)	(5)	(6)	(7)	(8)	(9)	(10)	(11)	(12)
*MK*5	0.191 4 *** (0.071 4)		0.589 4 *** (0.116 6)		0.274 1 *** (0.076 7)		0.398 2 *** (0.127 7)		0.188 5 ** (0.091 7)		0.458 2 *** (0.157 5)	
*MK*6		0.196 3 ** (0.076 4)		0.468 0 *** (0.095 6)		0.192 3 ** (0.062 3)		0.379 9 *** (0.103 1)		0.204 7 *** (0.075 6)		0.306 7 ** (0.129 1)
常数项	4.184 1 *** (1.225 1)	4.225 3 (1.225 0)			5.293 4 *** (1.102 9)	5.262 1 *** (1.104 5)			8.339 2 (1.668 0)	8.209 8 (1.659 2)		
F 值	500.88 [0.000 0]	497.97 [0.000 0]			880.28 [0.000 0]	877.50 [0.000 0]			325.10 [0.000 0]	326.48 [0.000 0]		
Hausman 检验	94.94 [0.000 0]	91.88 [0.000 0]			47.46 [0.000 0]	47.69 [0.000 0]			46.65 [0.000 0]	57.43 [0.000 0]		
个体效应	控制	控制	控制	控制	控制	控制	控制	控制	控制	控制	控制	控制
时间效应	控制	控制	控制	控制	控制	控制	控制	控制	控制	控制	控制	控制
识别不足检验（Wald P 值）			45.206 [0.000 0]	51.112 [0.000 0]			35.519 [0.000 0]	34.453 [0.000 0]			36.207 [0.000 0]	34.498 [0.000 0]
弱识别检验（F）值			43.663	44.909			21.498	22.690			23.663	21.308
调整 R^2	0.955 0	0.946 7			0.955 6	0.955 8			0.957 2	0.951 3		
N	1 253	1 253	1 197	1 197	1 195	1 195	1 195	1 195	894	894	880	880

注：表中圆括号内为标准误，方括号内为概率值。* $p<0.1$，** $p<0.05$，*** $p<0.01$。弱工具变量 Stock－Yogo 检验 10%的临界值是 16.38。

的基准回归结果稳健可靠。由于篇幅限制，表 7.4 省略了动态面板的系统 GMM 回归结果。

7.4 小结

本章的研究在考虑内生性和区域异质性的基础上，实证检验城市土地出让市场化对固定资产投资的影响。主要结论如下：在样本期内，城市土地出让市场化促进土地资本化和土地融资，为城市建设筹集大量建设资金，进而推动城市固定资产投资扩张。分地区看，城市土地出让市场化在东、中、西 3 个地区均对固定资产投资有显著促进作用。

第 8 章

城市土地出让市场化影响技术进步的实证检验

8.1 引言

技术进步作为实现经济长期稳定增长的根本途径，一直受到学者们和政策制定者高度关注（唐未兵等，2014）。但对城市土地出让市场化与技术进步的关系关注较少。少数文献虽然研究了工业土地出让市场化与技术进步的关系（赵爱栋等，2016；龚广祥等，2020），但只限于省级层面，无法全面反映城市土地出让市场化对技术进步的影响。为此，本书结合第 3 章的理论分析，实证检验城市土地出让市场化对技术进步的影响及其异质性。

8.2 实证研究设计

8.2.1 计量模型设定

为了考察城市土地出让市场化对技术进步的影响，本书在借鉴余泳泽和张少辉（2017）的基础上，结合前文的理论分析建立如下计量模型

$$lnTE_{it}=\alpha_0+\alpha_1 MK_{it}+\beta_n X_{it}^n+\eta_i+\nu_t+\varepsilon_{it} \qquad (8.1)$$

在模型（8.1）中，下标 i 表示城市，t 表示年份，TE 表示技术进步，MK 表示城市土地出让市场化水平，η_i 是个体固定效应，ν_t 是时间效应，ε_{it} 为随机扰动项。X 是一组控制变量，包括财政自主权（IND）、经济发展水平（$PGDP$）、土地财政规模（MON）、产业结构高级化水平（TS）、劳动力科学文化水平（TEA）、信息化水平（PHO）、外商直接投资水平（FDI）。

8.2.2 变量说明和数据来源

(1) 被解释变量

技术进步（*TE*）：对技术进步的测度主要有投入视角与产出视角，借鉴付明卫等（2015）、任胜钢等（2019）的做法，本书选择从技术研发投入的视角衡量技术进步，即使用专利申请量作为技术进步的代理变量。使用这一指标评估技术进步的原因是：与从产出角度衡量相比，投入视角的度量更加直接，且不受专利申请程序和审查员工作效率等不可控因素影响。

(2) 核心解释变量

城市土地出让市场化水平（*MK*5）：本章研究的核心解释变量是土地出让市场化指数（*MK*5），具体计算方法和过程在前文已有详细说明，此处不再赘述。同时，本书使用价格加权面积占比法计算的土地出让市场化指数（*MK*6）作为核心解释变量的替代变量进行稳健性检验。

(3) 控制变量

财政自主权（*IND*）：已有研究发现，分税制改革后，地方财政自主水平对科学、教育等地方公共品供给具有重要影响（陈硕等，2010）。为此，借鉴余泳泽和张少辉（2017）的做法，选择财政预算内支出与财政预算内收入的比值表示地方财政自主水平。

经济发展水平（*PGDP*）：地区经济发展水平对技术研发投入具有重要影响，本书使用人均生产总值作为经济发展水平的代理变量。

土地财政规模（*MON*）：为了实现土地财政目标，地方政府更加注重规模产出效率，忽视对技术研发的投入，从而对技术进步产生不利影响（李汝资等，2020），本书使用土地财政规模作为土地财政的代理变量。

产业结构高级化水平（*TS*）：产业结构高级化引发的生产性服务业集聚对技术进步有重要影响（杨浩昌等，2016），所以本书选择产业结构高级化指数作为控制变量。

劳动力科学文化水平（*TEA*）：人力资本水平提升是推动技术进步最重要的力量。本书选择高校教师人数作为城市人力资本水平的代理变量。

信息化水平（*PHO*）：信息技术应用促进技术进步已经成为共识。受地级市数据可得性限制，本书选择城市移动用户数作为信息化水平的代理变量。

外商直接投资水平（*FDI*）：外商直接投资通过“示范效应”和“人员流

动效应”对本土技术进步有显著溢出效应（包群，2015）。借鉴余泳泽和张少辉（2017）的做法，本书使用外商投资的工业企业总产值与地区工业总产值的比值表示外商直接投资水平。使用变量的描述性统计如表 8.1 所示。

表 8.1　变量描述性统计

变量	样本数	均值	标准差	最小值	最大值
*MK*5	3 342	0.388 9	0.092 4	0.138 2	1
*MK*6	3 342	0.364 0	0.121 3	0.137 5	1
*IV*5	3 017	0.390 7	0.060 7	0.138 1	0.732 4
*IV*6	3 017	0.361 5	0.066 7	0.051 6	0.759 4
TE	3 342	1 360.719	4 914.93	0	95 563
IND	3 342	2.639 6	1.811 5	0.648 8	18.398 5
MON	3 342	0.045 6	0.197 0	0.000 1	7.723 5
TS	3 342	0.815 9	0.383 3	0.094 3	4.165 6
PHO	3 342	300.168 3	332.371 6	0.086	3 377
IND	3 342	2.639 6	1.811 5	0.648 8	18.398 5
TEA	3 342	4 980.634	9 462.194	0	67 549
FDI	3 342	0.088 1	0.104 6	0	0.685 4

8.3　实证检验与结果分析

8.3.1　基准回归结果分析

表 8.2 展示了基准回归结果。面板 F 值表明选择固定效应模型优于混合面板模型。Hausman 检验显示，选择固定效应模型更为合理。模型（2）和模型（4）的拟合优度（调整 R 方）分别为 0.955 0 和 0.958 6，表明模型整体拟合程度较好，所得估计结果较为可靠。

表 8.2　基准回归结果

模型序号	(1)	(2)	(3)	(4)
*MK*5	0.673 8*** (0.145 9)	0.040 4** (0.018 3)		

（续）

模型序号	(1)	(2)	(3)	(4)
*MK*6			0.122 6***	0.187 4**
			(0.040 1)	(0.090 5)
lnIND		0.036 2		0.035 7
		(0.060 2)		(0.060 2)
lnMON		−0.027 9*		−0.027 8*
		(0.016 7)		(0.016 5)
lnTS		−0.268 2		−0.258 9
		(0.254 4)		(0.253 3)
lnPHO		0.050 4		0.050 2
		(0.032 3)		(0.032 3)
lnTEA		0.190 2***		0.189 8***
		(0.038 9)		(0.038 9)
lnPGDP		0.435 2***		0.436 2***
		(0.110 1)		(0.110 1)
lnFDI		−0.014 3		−0.014 4
		(0.014 9)		(0.014 9)
常数项	15.174 5***	−3.910 4**	3.230 8***	−3.926 6**
	(0.058 2)	(1.846 2)	(0.927 2)	(1.845 8)
个体效应	控制	控制	控制	控制
时间效应	控制	控制	控制	控制
F 值	243.38	584.70	254.44	558.81
	[0.000 0]	[0.000 0]	[0.000 0]	[0.000 0]
Hausman 检验	23.90	144.20	33.51	139.07
	[0.007 9]	[0.000 0]	[0.000 2]	[0.000 0]
调整 R^2	0.940 3	0.955 0	0.937 4	0.958 6
N	3 342	3 342	3 342	3 342

注：表中圆括号内为标准误，方括号内为概率值。* $p<0.1$，** $p<0.05$，*** $p<0.01$。

表 8.2 展示了城市土地出让市场化影响技术进步的基准回归结果。在所有模型中，城市土地出让市场化指数的系数均显著为正，表明城市土地出让

市场化对技术进步有显著促进作用。正如前文的理论分析，城市土地出让市场化通过 3 个路径影响技术进步。第一，城市土地出让市场化提升土地价格，增加地方政府土地出让和土地融资收入，促使地方政府通过投资基础设施建设为经济发展创造更好的环境，激励企业加大研发投入力度，从而促进技术进步。第二，城市土地出让市场化推高地价和房价，增加企业成本，迫使企业开发和引进土地节约型或劳动力节约型技术，从而对企业技术进步有正向作用。第三，城市土地出让市场化限制企业通过寻租活动获取超额利润的行为，为企业营造良好竞争环境，吸引更多创新资源在辖区内集聚，从而促进技术进步。

控制变量中，代表经济发展水平的变量 *lnPGDP* 的系数显著为正，表明经济发展刺激技术研发投入，从而有助于技术进步；代表土地财政规模的变量 *lnMON* 的系数显著为负，表明土地财政虽然短期促进经济增长，但对技术研发的投入产生“挤出效应”，从而不利于技术进步，这与李汝资等（2020）的发现一致。代表劳动力科学文化水平的变量 *lnTEA* 的系数显著为正，表明人力资本积累有利于技术进步。除此之外，代表财政自主权的变量 *lnIND*、信息化水平的变量 *lnPHO*、产业结构高级化水平的变量 *lnTS*、外商直接投资水平的变量 *lnFDI* 的系数均不显著，表明上述因素对技术进步的影响不明显。

8.3.2　内生性检验：基于工具变量回归方法的检验

为了克服实证模型由于遗漏变量和统计误差导致的内生性问题，与前文一样，此处也选择同省份中其他城市土地出让市场化水平的均值作为该城市土地出让市场化指数的工具变量，重新对实证模型回归。工具变量回归结果如表 8.3 所示。

表 8.3　工具变量回归结果

模型序号	(1)	(2)	(3)	(4)
*MK*5	2.192 5** (0.897 8)	0.967 8* (0.524 7)		
*MK*6			2.509 1** (1.057 1)	1.264 6* (0.705 2)
控制变量	未控制	控制	未控制	控制

（续）

模型序号	（1）	（2）	（3）	（4）
个体效应	控制	控制	控制	控制
时间效应	控制	控制	控制	控制
识别不足检验 （Wald P 值）	230.239 [0.000 0]	39.896 [0.000 0]	120.928 [0.000 0]	45.230 [0.004 9]
弱识别检验（F 值）	228.212	34.077	115.705	21.976
N	3 272	3 272	3 272	3 272

注：表中圆括号内为标准误，方括号内为概率值。* $p<0.1$，** $p<0.05$，*** $p<0.01$。弱工具变量 Stock－Yogo 检验 10%的临界值是 16.38。

表 8.3 的回归结果显示，在模型（1）至模型（4）中，工具变量识别不足检验统计量的 P 值小于 10%，弱识别检验统计量的值大于 10%的显著性临界值，表明本书选取的工具变量有效可靠。模型（1）至模型（4）的估计结果显示，城市土地出让市场化指数的系数均显著为正，表明城市土地出让市场化对技术进步有显著促进作用。工具变量回归结果与基准回归基本一致，表明基准回归结论稳健可靠。

8.3.3 区域异质性和行政级别异质性分析

（1）分地区的回归分析

为了考察不同地区城市土地出让市场化对技术进步影响的差异，本章也按照前文的划分标准将全部城市分为东、中、西部地区 3 个样本组分别回归，回归结果如表 8.4 所示。由于篇幅限制，表 8.4 中省略了控制变量的回归结果。

表 8.4 显示，在所有固定效应回归模型中，面板 F 值表明选择固定效应模型优于混合面板模型。Hausman 检验表明选择固定效应模型优于随机效应模型。拟合优度（调整 R^2）都大于 0.90，表明模型整体拟合程度较好，所得估计结果较为可靠。

在表 8.4 中，固定效应模型回归结果显示，土地出让市场化指数的系数在东部城市显著为正，但在中部和西部城市均不显著，表明土地出让市场化对东部城市的技术进步有显著促进作用，但对中部和西部城市技术进步的影响不显著。造成城市土地出让市场化对技术进步的影响在不同地区城市间产生差异的原因是有以下几点。第一，西部城市经济发展水平相对偏低，高水

表 8.4 分地区回归结果

地区分类	东部城市				中部城市				西部城市			
回归方法	固定效应模型回归		工具变量回归		固定效应模型回归		工具变量回归		固定效应模型回归		工具变量回归	
模型序号	(1)	(2)	(3)	(4)	(5)	(6)	(7)	(8)	(9)	(10)	(11)	(12)
*MK*5	0.532 9***		0.581 5**		0.041 9		0.080 3		−0.326 4		−0.415 9	
	(0.157 2)		(0.239 5)		(0.203 5)		(0.335 6		(0.198 0)		(0.335 4)	
*MK*6		0.319 6**		0.684 3***		0.027 9		0.086 1		−0.210 7		−0.453 2
		(0.131 3)		(0.209 5)		(0.717 4)		(0.268 9)		(0.164 9)		(0.297 2)
常数项	−17.925 7***	−17.668 0***			8.781 8***	−17.668 0***			3.549 3	4.076 3		
	(2.789 3)	(2.833 3)			(3.053 8)	(2.833 3)			(4.660 4)	(3.696 9)		
控制变量	控制	控制	控制	控制	控制	控制	控制	控制	控制	控制	控制	控制
个体效应	控制	控制	控制	控制	控制	控制	控制	控制	控制	控制	控制	控制
时间效应	控制	控制	控制	控制	控制	控制	控制	控制	控制	控制	控制	控制
F值	270.67	260.99			178.05	178.41			59.60	40.90		
	[0.000 0]	[0.000 0]			[0.000 0]	[0.000 0]			[0.000 0]	[0.000 2]		
Hausman 检验	95.49	87.00			79.14	87.00			42.74	57.00		
	[0.000 0]	[0.000 0]			[0.000 0]	[0.000 0]			[0.000 0]	[0.000 0]		
识别不足检验			21.482	37.75			26.442	28.458			38.948	31.487
(Wald P值)			[0.004 9]	[0.000 0]			[0.000 0]	[0.000 0]			[0.000 0]	[0.000 0]
弱识别检验（F值）			15.492	19.105			15.036	15.663			21.272	25.663
调整 R^2	0.938 2	0.937 9			0.938 2	0.937 9			0.921 4	0.921 3		
N	1 253	1 253	1 197	1 197	1 195	1 195	1 195	1 195	894	894	880	880

注：表中圆括号内为标准误，方括号内为概率值。* $p<0.1$，** $p<0.05$，*** $p<0.01$。弱工具变量 Stock－Yogo 检验 10%的临界值是 13.43。

平技术研发人才紧缺，技术研发和创新的基础薄弱，所以推动技术进步难度很大。相较而言，地方政府通过投资基础设施拉动经济增长的边际作用更强，因此将土地出让收入主要投向了道路等基础设施建设（李勇刚等，2013)，而对主要影响技术进步的科技、文化和教育等公共品供应相对较少，使得城市土地出让市场化对技术进步的促进作用较弱。第二，在中、西部地区不具备较好营商环境的前提下，城市土地出让市场化虽然增强了中、西部地方政府的财政实力，但也可能加剧地方政府在招商引资中的“竞次”竞争。地方政府为了在招商引资的竞争中胜出，竞相提供更具优惠的政策和支持，导致一些技术水平较低和市场竞争力较弱的企业在辖区内聚集，不利于技术进步。第三，相较于中部和西部城市，东部城市土地资源和劳动力资源更加匮乏，尤其是2000年之后倾向于内地的土地供给加剧了东部城市对土地资源的竞争，进一步放大了城市土地出让市场化对企业成本的助推作用，增加了东部城市企业的成本压力（韩立彬和陆铭，2018)。为了缓解成本压力，东部城市的企业加快技术升级步伐，由此促进了东部城市的技术进步。工具变量回归结果显示，工具变量识别不足检验统计量的P值小于10%，弱识别检验统计量的值大于1%的显著性临界值，表明本书选取的工具变量有效可靠。工具变量的回归结果与固定效应模型的回归结果基本一致，表明以上结论稳健可靠。

(2) 分行政级别的回归分析

在当前中国的政治制度和行政体系下，行政级别可能对城市经济的影响强于基础设施投入、人才吸引、教育环境和技术等重要因素（江艇等，2018)。高行政级别城市作为国家和省级行政单位的门户，往往承担着地区对资金、技术、高层次人才等高端要素的集聚功能。一般来说，城市行政级别越高，高端人才集聚越多，技术研发实力越强。因此，城市行政级别差异可能导致城市土地出让市场化对技术进步的影响有所差异。为此，本书将副省级及以上行政级别的城市分为一组，定义为高行政级别城市①，其他普通城市定义为低行政级别城市，按照本章计量模型（8.1）分别对两组样本进行回归，结果如表8.5所示。

① 高行政级别城市组包括省会城市、副省级城市和直辖市。副省级城市包括哈尔滨、沈阳、大连、长春、济南、南京、青岛、杭州、深圳、厦门、宁波、广州、武汉、西安、成都，其中大连、青岛、深圳、宁波、厦门是计划单列市，其他都是省会城市。直辖市包括北京市、天津市、上海市、重庆市。

表 8.5　分行政级别回归结果

地区分类	高行政级别城市				低行政级别城市			
回归方法	固定效应模型回归		工具变量回归		固定效应模型回归		工具变量回归	
模型序号	(1)	(2)	(3)	(4)	(5)	(6)	(7)	(8)
*MK*5	0.564 9** (0.284 3)		0.807 6* (0.459 8)		0.034 8 (0.113 9)		0.057 5 (0.181 5)	
*MK*6		0.497 9** (0.241 4)		0.780 9* (0.428 6)		0.003 3 (0.094 9)		0.086 1 (0.268 9)
常数项	−11.444 2** (5.361 4)	−11.246 5** (5.351 3)			−3.903 8*** (1.053 8)	−3.926 7*** (1.033 3)		
控制变量	控制	控制	控制	控制	控制	控制	控制	控制
个体效应	控制	控制	控制	控制	控制	控制	控制	控制
时间效应	控制	控制	控制	控制	控制	控制	控制	控制
F 值	156.47 [0.000 0]	160.99 [0.000 0]			514.36 [0.000 0]	515.34 [0.000 0]		
Hausman 检验	28.89 [0.000 7]	22.84 [0.006 6]			132.09 [0.000 0]	144.20 [0.000 0]		
识别不足检验 (Wald P 值)			126.597 [0.000 0]	99.956 [0.000 0]			129.776 [0.000 0]	118.421 [0.000 0]
弱识别检验（F 值）			109.166	83.675			92.44	81.137
调整 R^2	0.923 4	0.924 6			0.899 5	0.898 0		
N	476	476	420	420	2 866	2 866	2 852	2 852

注：表中圆括号内为标准误，方括号内为概率值。* $p<0.1$，** $p<0.05$，*** $p<0.01$。弱工具变量 Stock－Yogo 检验 10%的临界值是 16.38。

表 8.5 显示，在所有固定效应回归模型中，面板 F 值表明选择固定效应模型优于混合面板模型。Hausman 检验表明选择固定效应模型优于随机效应模型。模型（1）至模型（4）的回归结果显示，城市土地出让市场化的回归系数都显著为正，表明在高行政级别城市，土地出让市场化对技术进步有显著促进作用。模型（5）至模型（8）的回归结果显示，城市土地出让市场化的回归系数虽然为正，但都不显著，表明在低行政级别城市，土地出让

市场化对技术进步的促进作用不显著。土地出让市场化对技术进步的影响在不同行政级别城市间产生差异的可能原因有以下两点。一方面，在高行政级别城市中，土地出让市场化的收入规模效应更强，地方政府将土地出让收入投入到城市软硬环境的建设中，可以吸引更多人才和企业聚集，促进了创新知识的分享和交流，有助于技术进步。另一方面，相对而言，城市土地出让市场化对高行政级别城市的房价和用工成本的推动力更强，加速高行政级别城市的工业向周边成本较低的中小城市迁移，不仅为高行政级别城市的服务业发展腾出空间，还促进服务业在高行政级别城市的集聚，从而为技术进步创造有利条件（Duranton 和 Puga，2005）；与之相反，在低行政级别的城市中，成本压力较小，本省企业进行技术研发和引进的动力不足，由此使得土地出让市场化对技术进步的影响不显著。

8.4 小结

本章的研究在考虑内生性和区域异质性的基础上，实证检验城市土地出让市场化对技术进步的影响。主要结论如下：城市土地出让市场化对技术进步有显著促进作用。分地区看，在东部城市，土地出让市场化促进技术进步；但在中部和西部城市，土地出让市场化对技术进步的促进作用不显著；分城市行政级别看，土地出让市场化对高行政级别城市的技术进步有显著促进作用，但对低行政级别城市技术进步的影响不显著。本章研究结论不仅证实城市土地出让市场化影响技术进步的理论假设，还为全面刻画城市土地出让市场化影响经济增长的作用路径和机制提供新的经验依据。

第9章

城市土地出让市场化影响经济增长的实证检验

9.1 引言

本书第3章从理论层面分析了城市土地出让市场化通过结构优化路径、投资扩张路径和技术进步路径影响经济增长的作用机理，第5～8章实证检验了城市土地出让市场化的结构优化效应、投资扩张效应和技术进步效应，但关于城市土地出让市场化对经济增长的影响和可能的作用路径还没有实证考察。为此，本章首先结合本书第3章的理论分析，实证检验城市土地出让市场化对经济增长的影响；然后结合本书第5～8章的实证检验结果分析城市土地出让市场化影响经济增长的路径；最后，进一步分析和验证土地出让市场化与土地财政的交互作用对经济增长的影响。

9.2 实证研究设计

9.2.1 计量模型设定

（1）城市土地出让市场化影响经济增长的基准检验

为实证检验城市土地出让市场化对经济增长的影响，设定如下计量模型

$$lnGDP_{it}=\alpha_0+\alpha_1 MK_{it}+\beta_n X_{it}^n+\eta_i+\nu_t+\varepsilon_{it} \tag{9.1}$$

其中，下标 i 表示城市，t 表示年份，GDP 表示经济总产出水平，MK 表示城市土地出让市场化水平。X 是一组控制变量，包括城市物质资本存量（K）、就业人数（L）、土地财政规模（MON）、对外开放度（OPE）、城市规模（POP）、信息化水平（PHO）、劳动力科学文化水平（TEA）。此外，η_i 是个体固定效应，ν_t 是时间效应，ε_{it} 为随机扰动项。

(2) 城市土地出让市场化影响经济增长的机制讨论

理论上讲，固定资产投资扩张、经济结构优化和技术进步对经济增长的促进作用已经得到了大量文献支持，但为了确保本书研究结论的可靠性和稳健性，本书还分别实证考察了固定资产投资扩张、经济结构优化和技术进步对经济增长的影响。为此，设计如下计量模型

$$lnGDP_{it}=b_0+b_1MID_{it}+\beta_nX_{it}^n+\eta_i+\nu_t+\varepsilon_{it} \tag{9.2}$$

其中，被解释变量是经济总产出水平（GDP）。MID 代表核心解释变量，分别表示结构优化效应的代理变量（τ_l、τ_k、$lnTS$ 和 $lnTL$）、投资扩张效应的代理变量（$lnINV$）和技术进步效应的代理变量（$lnTE$），在后续的实证研究中，将上述 6 个变量依次代入本章计量模型（9.2）中回归。另外，计量模型（9.2）的控制变量与计量模型（9.1）一样，此处不再赘述。

9.2.2 变量说明和数据来源

(1) 被解释变量

由于本书研究城市土地出让市场化的经济增长效应，所以选取城市生产总值（GDP）作为被解释变量。

(2) 核心解释变量

城市土地出让市场化水平（$MK5$）：城市土地出让市场化的计算方法和过程前文已有详细说明，此处不再赘述。同时，本书还使用价格加权面积占比法计算的土地出让市场化指数（$MK6$）作为核心解释变量的替代变量进行稳健性检验。

(3) 控制变量

物质资本存量（K）：已有文献证实，物质资本存量对经济增长具有重要影响。

就业人数（L）：劳动力是推动经济增长不可或缺的要素，我国依靠巨大的人口红利不仅实现了劳动力密集型产业快速发展，还在很长时期避免了资本报酬递减的困扰，实现了经济增长奇迹。

土地财政规模（MON）：已有研究发现，土地财政不仅影响城市土地出让市场化水平（严金海，2018），还对城市经济增长产生影响（孙秀林和周飞舟，2013）。因此，在分析城市土地出让市场化影响经济增长的时候必须控制土地财政的影响。

对外开放（OPE）：对外开放通过促进国内生产和消费、扩大市场和就

业规模、降低技术引进成本等方式影响经济增长（江小涓，2011）。

城市规模（*POP*）：已有研究发现，城市规模通过企业与劳动力的选择效应（Combes et al.，2012）和互补效应（邓仲良和张可云，2020）影响城市生产率水平，从而对经济增长产生影响。

信息化水平（*PHO*）：信息化水平不仅影响高新技术产业成长，还对传统产业升级有重要影响（茶洪旺和左鹏飞，2017），从而也对经济增长产生影响。

劳动力科学文化水平（*TEA*）：经济增长理论认为，以教育和“干中学”为核心的人力资本积累对经济增长具有重要影响，所以除了考虑劳动力数量的影响外，还要考虑人力资本水平的影响。

变量的计算方法在前文都有详细说明，此处不再赘述。变量的描述性统计如表 9.1 所示。

表 9.1　变量描述性统计

变量	样本数	均值	标准差	最小值	最大值
*MK*5	3 342	0.388 9	0.092 4	0.138 2	1
*MK*6	3 342	0.364 0	0.121 3	0.137 5	1
K	3 342	422.159	6 900.604	87.387 8	84 520.66
L	3 342	51.992 0	77.379 9	4.21	986.87
τ_l	3 342	0.445 3	0.424 1	0.000 2	4.299 3
τ_k	3 342	0.324 3	0.277 8	0.000 1	3.114 5
*IV*5	3 017	0.390 7	0.060 7	0.138 1	0.732 4
*IV*6	3 017	0.361 5	0.066 7	0.051 6	0.759 4
OPE	3 342	0.021 4	0.023	0	0.199 2
POP	3 342	427.927 5	527.586 5	19.73	27 321.24
TE	3 342	1 360.719	4 914.93	0	95 563
IND	3 342	2.639 6	1.811 5	0.648 8	18.398 5
MON	3 342	0.045 6	0.197 0	0.000 1	7.723 5
TS	3 342	0.815 9	0.383 3	0.094 3	4.165 6
TL	3 342	0.264 9	0.204 2	0.000 1	1.721 8
PHO	3 342	300.168 3	332.371 6	0.086	3 377
TEA	3 342	4 980.634	9 462.194	0	67 549
FDI	3 342	0.088 1	0.104 6	0	0.685 4

9.3 实证检验与结果分析

9.3.1 基准回归结果分析

表 9.2 汇报了基准回归结果。所有模型中，面板 F 值表明选择固定效应模型优于混合面板模型。Hausman 检验表明选择固定效应模型是合理的。模型（3）和模型（4）的拟合优度（调整 R^2）超过 0.98，表明模型整体拟合程度较好，所得估计结果较为可靠。

表 9.2 基准回归结果

模型序号	（1）	（2）	（3）	（4）
MK5	0.075 2*** (0.022 5)		0.073 9*** (0.021 7)	
MK6		0.061 7*** (0.018 8)		0.051 7*** (0.018 2)
lnK			0.642 7*** (0.080 5)	0.649 4*** (0.080 4)
lnL			0.098 1*** (0.011 8)	0.098 2*** (0.011 8)
lnMON			0.011 8*** (0.003 4)	0.011 2*** (0.003 4)
lnOPE			0.007 9*** (0.001 5)	0.007 9*** (0.001 5)
lnPOP			0.061 2*** (0.017 5)	0.061 1*** (0.017 5)
lnPHO			0.017 7*** (0.006 5)	0.017 3*** (0.006 5)
lnTEA			0.047 6*** (0.007 8)	0.047 3*** (0.007 8)
常数项	14.949 4*** (0.011 7)	14.954 9*** (0.010 8)	5.760 8*** (1.008 6)	5.695 4*** (1.009 1)

（续）

模型序号	(1)	(2)	(3)	(4)
个体效应	控制	控制	控制	控制
时间效应	控制	控制	控制	控制
F 值	3 329.63 [0.000 0]	3 329.24 [0.000 0]	2 415.36 [0.000 0]	2 412.42 [0.000 0]
Hausman 检验	29.85 [0.000 9]	39.96 [0.000 0]	980.59 [0.000 0]	968.29 [0.000 0]
调整 R^2	0.981 6	0.987 4	0.988 4	0.988 5
N	3 342	3 342	3 342	3 342

注：表中圆括号内为标准误，方括号内为概率值。* $p<0.1$，** $p<0.05$，*** $p<0.01$。

表 9.2 展示了城市土地出让市场化影响经济增长的回归结果。模型（3）和模型（4）的回归结果显示，城市土地出让市场化指数的回归系数均显著为正，表明城市土地出让市场化对经济增长有显著促进作用。控制变量中，代表物质资本存量的变量 *lnK* 的回归系数显著为正，表明物质资本积累对城市经济增长有显著促进作用；代表就业人数的变量 *lnL* 的回归系数显著为正，表明劳动力投入有助于城市经济增长。代表土地财政规模的变量 *lnMON* 的回归系数显著为正，表明土地财政通过促进地方政府的支出和固定资产投资促进城市经济增长。代表对外开放的变量 *lnOPE* 的回归系数显著为正，表明对外开放通过扩大产品市场和降低技术引进成本等方式促进经济增长。代表城市规模的变量 *lnPOP* 的回归系数显著为正，表明城市规模扩大有助于企业与劳动力的选择效应和互补效应发挥，从而对生产效率提升和经济增长有正面影响。代表信息化水平的变量 *lnPHO* 的回归系数显著为正，表明信息化水平提升有助于降低交易成本，并通过产业更新换代促进经济增长。代表劳动力科学文化水平的变量 *lnTEA* 的回归系数显著为正，表明人力资本积累有助于经济增长。

9.3.2　内生性检验：基于工具变量和动态面板回归方法的检验

在现实中，地方政府为了推动经济增长，广泛存在干预土地资源配置的动机，导致城市土地出让市场化与经济增长存在双向影响关系，由此产生内生性问题。为此，本章选择同省份其他城市土地出让市场化水平的均值作为该城市土地出让市场化指数的工具变量，重新对实证模型回归。工具变量的构造原理和详细说明在本书第 5 章中已有详细说明，此处不再赘述。另外，考虑到经济增长存在路径依赖，可能导致随机扰动项与解释变量相关，从而产生内生性问题（伍德里奇，2007）。为此，在计量模型（9.1）中加入因变量的滞后一期作为解释变量，使用动态面板的系统 GMM 回归方法进行回归。内生性检验结果如表 9.3 所示。

表 9.3　内生性检验回归结果

回归方法	工具变量回归		动态面板的系统 GMM 回归	
模型序号	(1)	(2)	(3)	(4)
L. *lnGDP*			0.887 4*** (0.024 9)	0.754 9*** (0.036 4)
*MK*5	0.091 3*** (0.034 1)		0.324 1*** (0.047 7)	
*MK*6		0.092 5*** (0.029 2)		0.177 8** (0.074 9)
控制变量	控制	控制	控制	控制
个体效应	控制	控制	控制	控制
时间效应	控制	控制	控制	控制
识别不足检验 (Wald P 值)	115.113 [0.000 0]	47.965 [0.000 0]		
弱识别检验（F 值）	109.169	44.541		
Hansen 检验的 p 值			0.474	0.620
AR（2）检验的 p 值			0.163	0.384
N	3 272	3 272	3 082	3 082

注：表中圆括号内为标准误，方括号内为概率值。* $p<0.1$，** $p<0.05$，*** $p<0.01$。弱工具变量 Stock－Yogo 检验 10%的临界值是 16.38。

表 9.3 展示了内生性检验回归结果。在模型（1）和模型（2）中，工具变量识别不足检验统计量的 P 值小于 1%，弱识别检验统计量的值大于 10% 的显著性临界值，表明本书选取的工具变量有效可靠。模型（3）和模型（4）中，AR（2）检验的 P 值大于 10%，表明在 10%的水平上可以接受误差项二阶序列不相关的原假设，Hansen 过度识别检验表明在 10%的显著性水平上不能拒绝工具变量有效的原假设。AR（2）检验结果和 Hansen 检验结果表明使用系统 GMM 是合适的。另外，因变量的滞后一期在 10%水平下显著，证实了前文关于城市经济增长存在路径依赖的猜想，也表明本研究选择动态面板数据模型是合理的。在工具变量与动态面板的系统 GMM 回归结果中，核心解释变量 $MK5$ 和 $MK6$ 的回归系数均显著为正，且回归系数的符号和显著性与基准回归基本一致，表明基准回归结果稳健可靠。

9.3.3　区域异质性分析

为了考察城市土地出让市场化影响经济增长的差异，同前文的划分标准一样，本章也将全部城市分为东、中、西部地区 3 个样本组分别回归，回归结果如表 9.4 所示。在所有固定效应回归模型中，面板 F 值表明选择固定效应模型优于混合面板模型。Hausman 检验表明选择固定效应模型优于随机效应模型。拟合优度均大于 0.98，表明模型整体拟合程度较好，所得估计结果较为可靠。固定效应模型回归结果显示，土地出让市场化对经济增长的回归系数在 3 个地区均显著为正，表明城市土地出让市场化在三个地区均对经济增长都有显著促进作用。工具变量的回归结果显示，工具变量识别不足检验统计量的 P 值小于 10%，弱识别检验统计量的值大于 1%的显著性临界值，表明本书研究中选取的工具变量有效可靠。工具变量的回归结果显示，城市土地出让市场化的回归系数在 1%的显著性水平下显著为正，表明城市土地出让市场化对经济增长有显著促进作用。工具变量回归、系统 GMM 回归与基准回归结果基本一致，表明基准回归结论稳健可靠。由于篇幅限制，表 9.4 中省略了动态面板的系统 GMM 回归结果。

表 9.4　分地区的回归结果

地区分类	东部城市				中部城市				西部城市			
回归方法	固定效应模型回归		工具变量回归		固定效应模型回归		工具变量回归		固定效应模型回归		工具变量回归	
模型序号	(1)	(2)	(3)	(4)	(5)	(6)	(7)	(8)	(9)	(10)	(11)	(12)
*MK*5	0.106 3***		0.412 6***		0.222 1***		0.281 5***		0.121 7***		0.402 7***	
	(0.030 1)		(0.139 64)		(0.040 4)		(0.066 5)		(0.031 0)		(0.107 1)	
*MK*6		0.099 7***		0.427 2***		0.136 5***		0.310 8***		0.057 7**		0.181 2***
		(0.024 9)		(0.123 4)		(0.032 9)		(0.054 3)		(0.025 9)		(0.026 3)
常数项	6.624 8***	6.612 7***			2.092 8	1.778 3			7.748 5***	7.733 0***		
	(0.902 2)	(0.900 8)			(4.809 0)	(4.838 5)			(0.190 4)	(0.191 7)		
控制变量	控制	控制	控制	控制	控制	控制	控制	控制	控制	控制	控制	控制
个体效应	控制	控制	控制	控制	控制	控制	控制	控制	控制	控制	控制	控制
时间效应	控制	控制	控制	控制	控制	控制	控制	控制	控制	控制	控制	控制
F 值	1 167.04	1 170.79			975.88	963.70			1 040.00	1 026.36		
	[0.000 0]	[0.000 0]			[0.000 0]	[0.000 0]			[0.000 0]	[0.000 0]		
Hausman 检验	351.38	347.89			202.85	183.96			262.51	263.44		
	[0.000 0]	[0.000 0]			[0.000 0]	[0.000 0]			[0.000 0]	[0.000 0]		
识别不足检验 (Wald P 值)			55.950	32.084			23.872	44.071			115.113	127.600
			[0.000 0]	[0.000 0]			[0.000 0]	[0.000 0]			[0.000 0]	[0.000 0]
弱识别检验 (F) 值			53.072	31.040			22.828	42.253			109.169	95.970
调整 R^2	0.990 9	0.990 1			0.983 1	0.982 2			0.991 4	0.991 7		
N	1 253	1 253	1 197	1 197	1 195	1 195	1 195	1 195	894	894	880	880

注：表中圆括号内为标准误，方括号内为概率值。* $p<0.1$，** $p<0.05$；*** $p<0.01$。弱工具变量 Stock - Yogo 检验 10%的临界值是 16.38。

9.4　城市土地出让市场化影响经济增长的机制讨论

为了进一步厘清城市土地出让市场化影响经济增长的作用路径，本研究还实证考察了城市土地出让市场化的结构优化效应、投资扩张效应和技术进步效应对经济增长的影响。实证结果如表 9.5 所示。所有模型中，面板 F 值表明选择固定效应模型优于混合面板模型。Hausman 检验表明选择固定效应模型是合理的。

表 9.5　不同影响路径的检验结果

模型序号	(1)	(2)	(3)	(4)	(5)	(6)
τ_l	−0.089 6*** (0.010 6)					
τ_k		−0.042 6*** (0.013 7)				
lnTS			−1.120 7*** (0.040 7)			
lnTL				−0.008 8** (0.004 2)		
lnINV					0.162 7*** (0.006 8)	
lnTE						0.010 3*** (0.003 7)
常数项	5.642 6*** (0.998 5)	7.614 0*** (1.012 0)	7.581 5*** (0.907 1)	7.481 5*** (1.014 8)	6.655 5*** (0.931 2)	7.617 0*** (1.012 9)
控制变量	控制	控制	控制	控制	控制	控制
个体效应	控制	控制	控制	控制	控制	控制
时间效应	控制	控制	控制	控制	控制	控制
Hausman 检验	761.56 [0.000 0]	791.87 [0.000 0]	964.65 [0.000 0]	780.26 [0.000 0]	778.70 [0.000 0]	756.71 [0.000 0]
F 值	2 466.20 [0.000 0]	1 012.16 [0.000 0]	1 262.30 [0.000 0]	1 010.39 [0.000 0]	1 199.41 [0.000 0]	1 006.14 [0.000 0]

（续）

模型序号	(1)	(2)	(3)	(4)	(5)	(6)
调整 R^2	0.988 4	0.988 3	0.968 9	0.965 4	0.989 6	0.985 5
N	3 342	3 342	3 342	3 342	3 342	3 342

注：表中圆括号内为标准误，方括号内为概率值。* $p<0.1$，** $p<0.05$，*** $p<0.01$。

在表 9.5 中，模型（1）和模型（2）的回归结果显示，代表劳动力配置扭曲指数的变量 τ_l 和代表资本配置扭曲指数的变量 τ_k 的回归系数均显著为负，表明劳动力配置扭曲和资本配置扭曲不利于经济增长。结合本书第 5 章发现，即城市土地出让市场化显著降低劳动力和资本配置扭曲水平的结论，不难得出：城市土地出让市场化通过降低劳动力和资本配置扭曲水平对经济增长有促进作用。具体来说，城市土地出让市场化限制地方干预土地资源配置，提升生产要素配置效率和全要素生产率，从而促进城市经济增长。这是城市土地出让市场化通过结构优化路径促进经济增长在要素层面的证据。

表 9.5 中模型（3）和模型（4）的回归结果显示，代表产业结构高级化指数的变量 $lnTS$ 和代表产业结构合理化指数的变量 $lnTL$ 的回归系数都显著为负，表明产业结构高级化对经济增长有抑制作用，而产业结构合理化发展促进经济增长[①]。结合本书第 6 章内容，可以得出：城市土地出让市场化通过促进产业结构高级化发展抑制经济增长的同时，还通过提升产业结构合理化水平促进经济增长。具体来说，一方面，城市土地出让市场化限制地方政府采用市场化水平较低的方式低价出让工业用地，减小地方政府对制造业横向补贴的同时，还通过增加第三产业要素投入促进第三产业发展。因为我国第三产业对经济增长的拉动效应低于第二产业，所以城市土地出让市场化通过促进产业结构高级化对经济增长产生抑制作用。另一方面，城市土地出让市场化限制地方政府干预土地资源配置的行为，有利于生产要素在制造业和服务业间自由流动，促进制造业和服务业协调发展，提高了生产效率，从而促进经济增长，但促进作用随着土地出让市场化水平提高逐渐减弱。这是城市土地出让市场化通过结构优化路径影响经济增长在产业层面的证据。

表 9.5 中模型（5）的回归结果显示，代表固定资产投资的变量 $lnINV$ 的回归系数显著为正，表明固定资产投资对经济增长有促进作用。结合本书

① 产业结构合理化指数是一个逆向指标。

第7章内容——城市土地出让市场化促进固定资产投资的结论，可以得出：城市土地出让市场化通过促进固定资产投资促进经济增长。具体来说，城市土地出让市场化促进土地资本化和土地融资，为城市建设筹集大量建设资金，推动城市固定资产投资规模扩张，从而促进经济增长，这是城市土地出让市场化通过投资扩张路径促进经济增长的证据。

表9.5中模型（6）的回归结果显示，代表技术进步的变量 $lnTE$ 的回归系数显著为正，表明技术进步对经济增长有促进作用。结合本书第8章内容——城市土地出让市场化促进技术进步的结论，可以得出：城市土地出让市场化通过促进技术进步对经济增长有正面影响。具体来说，首先，城市土地出让市场化提升土地价格，增加地方政府土地出让收入和土地融资收入，使得地方政府通过投资基础设施建设为经济发展创造更好环境，激励企业加大研发投入力度，促进技术进步，从而对经济增长有正面影响。其次，城市土地出让市场化推高地价和房价，增加企业成本，迫使企业开发和引进土地节约型或劳动力节约型技术，推动了技术进步，从而促进经济增长。最后，城市土地出让市场化限制企业通过寻租活动获取超额利润的行为，为企业营造良好竞争环境，吸引更多创新资源在辖区内集聚，有助于技术进步，从而促进经济增长。

另外，研究中还分别实证检验了东、中、西部城市的结构优化效应、投资扩张效应和技术进步效应对经济增长的影响，结果与全国层面一致。限于篇幅，本书中没有列表展示。在上述分析的基础上，综合本书第5～8章分地区的实证结果，可以得出城市土地出让市场化影响经济增长的路径在3个地区间的差异（表9.6）。

表9.6　城市土地出让市场化影响经济增长路径的地区差异

路径	相关变量	东部城市	中部城市	西部城市
结构优化路径	资本配置效率	显著	显著	不显著
	劳动力配置效率	显著	不显著	不显著
	产业结构高级化	显著	显著	显著
	产业结构合理化	显著	显著	显著
投资扩张路径	固定资产投资	显著	显著	显著
技术进步路径	技术进步	显著	不显著	不显著

从表 9.6 可以看出，城市土地出让市场化影响经济增长路径在 3 个地区有明显差异：在东部城市，土地出让市场化通过结构优化路径、投资扩张路径和技术进步路径对经济增长产生影响；在中部城市，土地出让市场化主要通过投资扩张路径和结构优化路径中的资本配置效率、产业结构高级化和产业结构合理化对经济增长产生影响；在西部城市，土地出让市场化主要通过投资扩张路径和结构优化路径中的产业结构高级化和产业结构合理化影响经济增长。相较而言，在东部城市，土地出让市场化不仅增加要素投入，还有助于要素配置效率提升和技术进步，所以对经济增长的促进作用具有较强持续性。而在中部和西部城市，土地出让市场化对要素配置效率和技术进步的正面影响不显著，主要通过增加要素投入促进经济增长，所以持续性较弱。

9.5 土地出让市场化与土地财政的交互作用对经济增长的影响

9.5.1 土地出让市场化与土地财政的交互作用对经济增长产生影响的理论分析

从制度变迁历程来看，城市土地出让市场化改革不仅是一次自上而下的强制性制度变迁，也是一次自下而上的实践（Liu et al.，2016）。虽然中央政府的意愿对改革具有决定性影响，但具有自身利益诉求的地方政府作为改革实际执行者和土地市场参与者，必然在推进改革过程中充分兼顾自己的利益诉求，从而对城市土地出让市场化改革的推进产生影响。

在中央政府对城市土地出让市场化改革的要求下，地方政府为了兼顾土地出让市场化改革和土地财政目标，通常的做法就是增加工业用地供地数量，压缩商用土地供应数量（雷潇雨和龚六堂，2014；刘凯，2018）。增加工业用地供给数量不仅可以缓解工业用地出让市场化带来的工业土地价格上涨压力，为工业经济稳定增长营造良好环境，还同时推高商用土地出让价格，增加土地出让收入和房地产业相关税收收入，有助于实现土地财政目标。除此之外，地方政府通过选择土地出让方式、时机和位置，并与市场化出让机制组合实现土地财政目标（陶然等，2009）。从这个意义上讲，土地市场化出让机制一定程度上成为地方政府实现土地财政目标的工具（严金海，2018）。

地方政府将土地出让市场化机制作为实现土地财政目标的工具，不仅对土地出让市场化改革推进产生影响，还对经济增长产生影响。一方面，土地财政通过影响技术进步（李汝资等，2020）和资源配置效率（张少辉和余永泽，2019）对经济增长产生影响；另一方面，土地财政与土地出让市场化的交互作用也对城市经济增长产生影响。

第一，土地出让市场化与土地财政的相互作用虽然短期内可以增强地方政府融资能力，促进固定资产投资，但是长期来看，土地资本化和土地融资的杠杆作用必然会导致地方政府债务快速增加，透支国民经济流动性，进而削弱地方政府的固定资产投资能力（刘守英等，2020）。原因在于：地方政府将土地出让或抵押收入投向一些收益较低的基础设施领域，短期内使得地方政府无法偿还到期债务，为了维持地方经济运转，地方政府只能借新债还旧债，不仅导致债务空转，削弱经济中的流动性，还会挤占私人以及地方政府的固定资产投资机会。

第二，土地出让市场化强化了地方政府的土地财政激励，使得地方政府从土地出让中汲取城市建设资金的能力增强，强化了地方政府“以地生财、以财养地”的循环模式，导致地方政府对基础设施投资过度，不仅造成资本过度深化和无效资本累积，还对教育、科技、社会福利等领域的投资产生“挤出效应”，从而对技术进步产生抑制作用，不利于经济长期增长。

第三，为了最大化实现土地财政目标，城市土地出让市场化改革强化地方政府压缩商住用地供给的激励，进而增大商用土地出让价格上涨压力，推高土地和房价水平，激励企业将原有用于生产的资金投入到房地产相关部门进行套利，使得生产效率较低的房地产业的比重增高，降低了资源配置效率，最终拖累整体生产率增长，不利于经济增长（陈斌开等，2015）。

综上可得：城市土地出让市场化与土地财政的交互作用抑制城市经济增长。

9.5.2　土地出让市场化与土地财政的交互作用对经济增长影响的实证检验

为了考察城市土地市场化与土地财政的交互作用对经济增长的影响，在计量模型（9.1）中加入城市土地出让市场化（MK）与土地财政（$lnMON$）的交叉项进行验证，计量模型具体如下

$$lnGDP_{it}=\delta_0+\delta_1 MK_{it}+\delta_2 lnMON_{it}+\delta_3 MK_{it}\times lnMON_{it}+\beta_n X_{it}^n+\eta_i+\nu_t+\varepsilon_{it} \tag{9.3}$$

在计量模型（9.3）中，除了城市土地出让市场化与土地财政的交互项

（*lnMON*×*MK*）外，其他变量与计量模型（9.1）保持一致。限于篇幅，本书研究只汇报城市土地出让市场化（*MK*）与土地财政（*lnMON*）相关变量的回归结果。回归结果如表 9.7 所示。

表 9.7　城市土地市场化与土地财政的交互作用对经济增长的回归结果

回归方法	固定效应模型回归		工具变量回归	
模型序号	(1)	(2)	(3)	(4)
*MK*5	0.742 3*** (0.154 9)		4.159 1*** (1.349 2)	
*MK*6		0.697 9*** (0.137 6)		6.784 3*** (3.308 1)
lnMON	0.032 4*** (0.005 8)	0.030 0*** (0.005 2)	0.102 5*** (0.034 1)	0.134 7*** (0.069 9)
*MK*5 * *lnMON*	−0.056 8*** (0.013 0)		−0.284 6*** (0.097 4)	
*MK*6 * *lnMON*		−0.054 9*** (0.011 6)		−0.466 7** (0.237 7)
控制变量	控制	控制	控制	控制
个体效应	控制	控制	控制	控制
时间效应	控制	控制	控制	控制
常数项	7.383 7*** (1.011 4)	7.361 2*** (1.010 2)		
F 值	255.26 [0.000 0]	255.09 [0.000 0]		
Hausman 检验	131.12 [0.000 0]	134.28 [0.000 0]		
识别不足检验（Wald P 值）			25.819 [0.000 0]	16.966 [0.008 3]
弱识别检验（F）值			11.902	13.193
调整 R^2	0.988 4	0.988 5		
N	3 342	3 342	3 107	3 107

注：表中圆括号内为标准误，方括号内为概率值。* $p<0.1$，** $p<0.05$，*** $p<0.01$。弱工具变量 Stock - Yogo 检验 10%的临界值是 7.03。

在表9.7中的模型（1）和模型（2）中，面板F值表明选择固定效应模型优于混合面板模型，Hausman检验表明选择固定效应模型是合理的。模型（1）和模型（2）的回归结果显示，土地出让市场化和土地财政的回归系数始终显著为正，表明城市土地出让市场化和土地财政对经济增长均有显著促进作用。同时，土地出让市场化和土地财政的交叉项的回归系数显著为负，表明城市土地出让市场化与土地财政的交互作用弱化了土地出让市场化对经济增长的促进作用。工具变量回归结果显示，工具变量识别不足检验统计量的P值小于10％，弱识别检验统计量的值大于1％的显著性临界值，表明本研究选取的工具变量有效可靠。工具变量的回归结果与固定效应模型的回归结果基本一致，表明固定效应模型回归结果稳健可靠。

9.6　小结

本章主要实证检验城市土地市场化对经济增长的影响路径和机制：首先，实证检验城市土地出让市场化对经济增长的影响；然后，从投资扩张路径、结构优化路径和技术进步路径验证城市土地出让市场化影响经济增长的作用机制；最后，进一步分析和验证土地出让市场化与土地财政的交互作用对经济增长的影响。主要研究结论有如下几点。

第一，城市土地出让市场化显著促进经济增长，具体作用路径是：城市土地出让市场化通过结构优化路径、投资扩张路径和技术进步路径显著影响经济增长。但不同地区的影响路径有所不同：在东部城市，土地出让市场化通过提升要素配置效率、促进投资和技术进步推动经济增长，所以对经济增长促进作用的持续性较强；而在中部和西部城市，土地出让市场化对要素配置效率提升和技术进步的影响不显著，主要通过促进投资推动经济增长，所以持续性较弱。

第二，城市土地出让市场化与土地财政的交互作用弱化了土地出让市场化对经济增长的促进作用。

第三，研究结论不仅为城市经济增长提供了一个基于土地要素市场化改革视角的解释，还考虑了城市土地出让市场化与土地财政的交互作用对经济增长的影响，拓展了土地要素市场化配置相关理论，为我国通过要素市场化改革增强经济增长动力提供理论参考和经验证据。

第 10 章

研究结论及政策建议

10.1 研究结论

在商品市场日趋发育成熟的背景下，中国要素市场化改革进程缓慢，且由于土地资源配置与政府财政、经济发展和社会治理等重大问题紧密相关，使得土地要素市场化改革相对滞后，不仅造成土地资源严重浪费，还对其他资源配置和技术进步产生负面影响，不利于城市经济长期稳定增长。为此，我国政府在 2020 年 4 月出台了《关于构建更加完善的要素市场化配置体制机制的意见》，旨在通过推动要素市场化改革提高经济增长质量和效率，为经济注入新的增长动力。与制度的顶层设计相比，更加现实而迫切的问题是：城市土地出让市场化究竟处于怎样的水平？城市土地出让市场化对经济增长有何影响？其具体的作用机理是什么？已有改革经验是否满足当前的政策需求？为了回答以上问题，本书在对城市土地市场化改革制度变迁梳理的基础上，评估城市土地出让市场化水平，构建土地出让市场化影响经济增长的理论分析框架，进一步廓清两者之间的作用机理，并使用相关数据验证城市土地出让市场化对经济增长的作用机制。基于前文理论分析和实证检验结果，在此归纳出本书主要结论，并提出相应政策建议。

第一，我国城市土地出让市场化整体处于较低水平，且在样本期内呈现先升高后下降的倒 U 型变化趋势，其中，2003—2009 年，城市土地出让市场化水平显著升高，但 2009 年之后，由于市场化水平较低的划拨出让方式和挂牌出让方式的数量（宗数和面积）占比显著升高，导致城市土地出让市场化水平逐渐回落。上述结论与已有研究得出城市土地出让市场化水平持续升高的结论截然不同，这一发现不仅为城市土地出让市场化改革效果的争论提供扎实的事实依据，还为城市土地出让市场化相关研究提供可靠的经验证据。

第二，城市土地出让市场化有利于生产要素流动和产业结构升级，从而促进经济结构优化。在微观层面：城市土地出让市场化促进资本和劳动力流动，减小资本和劳动力配置扭曲。在中观层面：一方面，城市土地出让市场化促进产业结构高级化发展；另一方面，城市土地出让市场化有助于产业结构合理化发展。研究还发现，城市土地出让市场化对资源配置扭曲、产业结构高级化和产业结构合理化的作用在不同地区和不同时间段有显著差异。分地区看，城市土地出让市场化对资本配置效率的提升作用只在东部和中部城市显著，而在西部城市不显著；城市土地出让市场化对劳动力配置效率的提升作用只在东部城市显著，而在中部和西部城市不显著；城市土地出让市场化不利于东部城市产业结构合理化发展，但对中部和西部产业结构合理化发展有积极影响。分时间段看，城市土地出让市场化对资本和劳动力配置扭曲的改善作用在 2008 年金融危机前显著，但在 2008 年金融危机后不显著；城市土地出让市场化对产业结构高级化的促进作用在工业用地出让市场化政策实施前不显著，但在工业用地出让市场化政策实施后显著。上述结论不仅拓展土地资源配置影响经济结构的相关理论，还为地方政府提升资源配置效率和优化产业结构提供新的抓手，这对我国建设高质量发展的现代经济体系具有一定参考价值。

第三，城市土地出让市场化有助于土地资本化和土地融资，从而促进固定资产投资。分地区看，城市土地出让市场化在东、中、西 3 个地区均对固定资产投资有显著促进作用，这一结论为城市土地出让市场化促进固定资产投资提供新的经验证据。

第四，城市土地出让市场化通过规模效应、成本效应和制度环境效应促进技术进步。分地区看，在东部城市，土地出让市场化促进技术进步；但在中部和西部城市，土地出让市场化对技术进步的促进作用不显著。这一结论不仅拓展了城市土地出让市场化相关理论，还发现了城市土地出让市场化影响经济增长的新路径，有助于全面和系统认识城市土地出让市场化影响经济增长的机理。

第五，城市土地出让市场化通过结构优化路径、投资扩张路径和技术进步路径影响经济增长。首先，城市土地出让市场化通过结构优化路径影响经济增长。在微观层面：城市土地出让市场化促进资本和劳动力流动，降低资本和劳动力配置扭曲水平，进而促进经济增长。在中观层面：一方面，城市土地出让市场化促进产业结构高级化发展，加快经济进入“结构性减速”通道的进程，抑制经济增长；另一方面，城市土地出让市场化通过推动产业结构合理化发展对经济增长有促进作用，但促进作用随着土地出让市场化水平提高逐渐减弱。其次，城市土地出让市场化通过投资扩张路径影响经济增长。城市土地出让市场化促进土地资本化和土地融资，推动投资扩张，从而促进经济增长。最后，城市土地出让市场化通过技术进步路径影响经济增长。城市土地出让市场化通过规模效应、成本效应和制度环境效应促进技术进步，从而促进经济增长。区域异质性分析发现，在东部城市，土地出让市场化通过提升要素配置效率、促进投资和技术进步推动经济增长，所以对经济增长促进作用的持续性较强；而在中部和西部城市，土地出让市场化对要素配置效率提升和技术进步的影响不显著，主要通过促进投资推动经济增长，所以持续性较弱。

第六，城市土地出让市场化与土地财政的交互作用弱化了土地出让市场化对经济增长的促进作用。这一结论不仅为城市经济快速增长提供了一个基于土地要素市场化改革视角的解释，还从代表政府意志的土地财政与作为市场力量的土地出让市场化互动的视角分析中国城市经济增长的特殊性，这对于理解中国式城市经济增长具有重要意义。

10.2 政策建议

根据城市土地出让市场化的现状和问题，结合本书第 5～9 章的实证检验结论，拟从 3 个方面提出相应政策建议。

10.2.1 以相关制度改革为前提支撑城市土地出让市场化改革

在“以地谋发展”的模式下，城市土地市场化改革的问题不仅与土地资源配置相关制度有关，还与国家财税制度和官员激励机制密切相关。国家财税制度和官员激励机制为地方政府干预土地资源配置提供巨大内部推力的同时，也对城市土地出让市场化改革形成巨大阻力。我国想要减小城市土地出让市场化改革阻力，就需要完善财税制度和官员激励机制。

首先，应该从财政体制改革入手，淡化地方政府利用土地获取财政收入的动机。一是建立明确的全国基本公共服务、地方基本公共服务和跨区域基本公共服务的责权范围（沈坤荣和赵倩，2019）。根据事权承载主体的不同，可以将政府事权划分为中央事权、地方事权和共同事权。考虑到我国发展不平衡的国情和经济社会发展的阶段性要求，应该将独立事权尤其是地方事权中对公民产生直接影响，具有较大外部性并且无法给地方政府带来直接经济效益的事权归属于共同事权，依靠强大的财政力量为公民基本权利的实现保驾护航（李思思，2020）。为了清晰界定央地共同事权与支出责任，应该通过法律的高位阶形式科学合理地建立保障财政事权和支出责任划分的法律体系，明确共同事权与支出责任，结合未来共同事权的发展趋势，应重点明确分级事项的依据、标准、程序等，不仅可以保证法律的稳定性，同时也为共同事权的变动提供制度空间。二是在严格规定土地出让收入使用范围的同时，将土地批租制改为年租制，土地年租金根据每年不断调整变化的基准地价乘以固定百分比确定，建立全国统一运营和管理制度，降低房地产商品税和所得税的税收水平，提高房地产相关的财产税税收水平，切实清理房地产流转环节的税费，逐步将房地产税培养成地方主体税种。三是在“营改增”全面落地实施的大背景下，积极拓展地方性税种，降低地方政府对土地“营业税”的依赖，实现“宽税基、营改增”的结构性税源调整。四是将以城投债为主的隐性债务融资纳入财政预算管理体系，发挥地方专项债券在基础设施建设中的融资作用，逐步降低地方政府对土地融资的依赖。五是将土地出让金和土地抵押融资收支管理作为重大事项定期公开，增加土地出让收支和融资的信息透明度。

其次，为了弱化地方政府“以地引资”和不断高涨的投资冲动，就需要对当前的官员激励机制进行改革。一是充分运用官员晋升激励机制，鼓励地方政府采用公开、透明的市场化出让方式出让土地。二是建立科学的官员绩效考核体系，弱化 GDP 总量考核指标，强化对地方政府单位 GDP 耗地和负债考核，促使地方政府更加关注民众需求的同时，实现地方政府职能从经济建设向提供基本公共服务转变（贾俊雪和梁煊，2020）。三是加强对地方官员权力运用的监督，加大对地方官员违法、违规行为的处罚力度，促使地方政府官员树立正确和良好的发展观，提高公共服务的效率和质量。

10.2.2　以土地制度创新为动力提升城市土地出让市场化水平

当前，城市土地供给机制的问题主要表现为宏观层面政府的缺位与越位，微观层面的制度设计不够精准和细致。解决上述问题，需要对土地出让相关的制度安排进行完善。

首先，通过建立完备的法律制度明晰中央和地方政府在土地出让过程中的职权和责任。一是中央政府应该建立相关法律制度，加强其在土地出让过程中对地方政府行为的监管和考核，尤其对地方政府划拨、协议和挂牌出让的程序和土地的最终用途进行密切监管，确保土地出让程序合法，土地的用途合法合规。二是中央政府进一步通过“放管服”改革，逐步下放建设用地管理权限，给省级地方政府更多的自主权，更大程度上满足地方政府改善营商环境、服务产业发展、提高基础设施保障等用地需求，并通过“增减挂钩”倒逼地方政府解决土地利用低效浪费等问题。需要注意的是，中央政府在做好“放”的同时，不能放松“管”的职能。中央政府应该通过构建科学的监管职责体系和分离的权利运行机制，在土地出让市场化改革的体制、法制、能力和文化等诸多方面寻求制度创新，为企业生产、成长提供高效和高水平的服务，将城市土地出让过程中的“放管服”改革做深、做透、做到位。

其次，完善和细化城市土地出让管理制度。一是完善基准地价评估体系，建立统一的土地价格评估平台，显化土地潜在价值，实现城乡建设用地基准地价全覆盖。二是实行差异化的产业用地供给制度，通过精准识别各类行业、各种规模企业特征，构建建设用地弹性出让年限和价格标准，并依据行业整体发展态势进行年度修正，对先进产业的优质企业提供更加优惠的产业用地价格，对落后产业的企业适当提高产业用地价格，引导产业用地合理流转，提高土地利用效率。三是根据本地产业特点和企业用地诉求针对性地设计供地数量、结构和方式，促进产业用地供给和需求的有效匹配。四是进一步细化和明确划拨出让土地的适用范围，并对划拨出让土地的后续使用情况进行严格监管，及时反馈划拨土地使用情况和存在的问题，及时修正划拨出让土地的相关政策。五是加强对挂牌出让程序的监管和考核，逐步压缩行政划拨和挂牌出让土地的比重，提高非公共建设用地使用招标和拍卖出让方式的比重。六是建立监管反馈机制，特别是要加强建设用地批后监管，联合相关部门制定建设用地复核验收标准，形成部门监管合力。建立完善考核问责机制，加大督查问责力度，落实地方政府的属地管理责任，做到“终身问责、倒查责任”。

最后，理性看待土地市场化改革对城市经济增长的影响。研究发现，城市土地出让市场化水平超过一定阈值以后会对产业结构合理化发展产生负面影响，这表明城市土地出让市场化水平并不一定是越高越有利于经济健康发展，尤其对我们这样一个实行双轨制、渐进式改革的国家而言，增强各项改革工作的系统性、整体性和协同性尤为重要。

另外，从我国城市土地出让市场化改革制度变迁历程来看，中国土地要素的“市场化”并不等于土地的“私有化”，而是在坚持城市土地所有权国有属性的前提下的市场化改革，主要探索土地“用益物权”的改革和“担保物权”的放活。在当前土地市场发育严重滞后于产品市场的现状下，土地市场化改革的目的就是要明确市场和政府的权能边界，发挥政府实施宏观调控、弥补市场失灵、落实监督惩处等重要职能的同时，强调和发挥市场在土地资源配置中的决定性作用，因此在城市土地出让过程中，“政府退位、市场补位”应当是深化城市土地要素市场化改革的核心价值导向，也是建立城市土地要素市场化领域的“有为政府”和“有效市场”最终的目的（严金明等，2020）。

10.2.3　以要素市场化改革为契机促进城市经济的高质量增长

2020 年 4 月 9 日，中共中央、国务院发布《关于构建更加完善的要素市场化配置体制机制的意见》，分类提出土地、劳动力、资本、技术、数据 5 个要素领域的改革方向和具体举措，对推动经济高质量增长具有重要意义。当前，应以要素市场化改革为契机，部署完善要素价格形成机制和市场运行机制，带动土地资源市场化配置水平提升。一是根据常住人口的流动情况调整建设用地供给数量，让市场机制通过影响人口流动调节城市土地资源配置，培育全国性耕地占补平衡指标、增减挂钩指标交易市场，促进全国统一土地市场的发育。二是通过资本市场化改革限制土地出让过程中的非市场力量。完善资本市场基础制度，净化资本市场，限制非市场力量，培育理性自律的经济主体，逐步培育和形成依靠多边参与的、竞争性土地使用权交易市场，确保土地使用权顺畅流转，实现市场定价。三是通过技术和数据资源的市场化改革推动土地市场化配置水平提升。开放土地资源使用数据信息，建立土地资源的特征、交易和治理数据库，及时反馈土地资源的市场供需和价格变化信息，充分利用大数据、人工智能等技术手段及时发现并叫停不正当的土地交易，提升土地资源市场化配置水平。

另外，还应该通过构建完备的高标准市场体系来减少要素流动障碍，为城市创新发展和高质量发展创造良好的基础和条件。

第一，优化产业结构。首先，应该通过创新区域合作协商机制，逐步消除地方保护主义，推动区域产业分工和跨区域资源配置，实现良性的区际竞合关系，推动地区产业结构合理化水平提高（杨建坤和曾龙，2020）。其次，加速推动互联网由消费端向生产端拓展，提升互联网的产业结构调整效应。互联网推动的数据作为一种新的生产要素，在促进生产主体间协作、共享和连接方面蕴含着巨大能量，能够有效促进传统生产要素的优化配置，实现产业协调发展（左鹏飞等，2020）。最后，规范地方政府的税收竞争行为，通过财税支持引导生产要素在各产业部门间合理配置，注重产业结构合理化发展（甘行琼等，2020）。

第二，减小资本配置的扭曲。首先，应该减少政府对经济发展和资源配置的直接干预，充分发挥市场的竞争机制。其次，坚持全面扩大开放，充分利用对外投资和进口贸易优化资本配置效率，尤其是通过“一带一路”倡议鼓励企业“走出去”进行海外直接投资，借此改善国内资源配置扭曲和产能过剩的现状，推动经济发展方式转型升级（白俊红和刘宇英，2018）。最后，推进利率市场化改革，抑制利率双轨制对信贷资源高效流动的负面影响，在抑制低效率国企投资冲动的同时，促进民营企业投资效率提高，从而有利于资本配置效率提升（Chen et al.，2019）。

为了增强城市土地出让市场化对西部城市经济增长的积极作用，就需要不断完善和推进西部地区市场化改革进程，增强市场机制对资源配置的引导作用，强化城市土地出让市场化对技术进步和创新的积极影响，促进西部城市经济实现高质量发展。

参考文献

安辉，迟篨，谷宇，2011. FDI视角下国际金融危机对中国实体经济的传导与冲击效应研究［J］. 经济社会体制比较（3）：146－153.

巴罗，萨拉伊马丁，2000. 经济增长［M］. 何晖，刘明兴，译. 北京：中国社会科学出版社.

白俊红，刘宇英，2018. 对外直接投资能否改善中国的资源错配［J］. 中国工业经济（1）：60－78.

柏培文，杨志才，2019. 中国二元经济的要素错配与收入分配格局［J］. 经济学（季刊），18（2）：639－660.

包群，2015. 国内贸易壁垒与出口生产率悖论的形成［J］. 世界经济，38（5）：176－177.

布阿吉尔贝尔，1984. 布阿吉尔贝尔选集［M］. 伍纯武，梁守锵，译. 北京：商务印书馆.

蔡海亚，徐盈之，2017. 贸易开放是否影响了中国产业结构升级？［J］. 数量经济技术经济研究，34（10）：3－22.

蔡竞，董艳，2016. 银行业竞争与企业创新——来自中国工业企业的经验证据［J］. 金融研究（11）：96－111.

蔡跃洲，付一夫，2017. 全要素生产率增长中的技术效应与结构效应——基于中国宏观和产业数据的测算及分解［J］. 经济研究，52（1）：72－88.

曹广忠，袁飞，陶然，2007. 土地财政、产业结构演变与税收超常规增长——中国“税收增长之谜”的一个分析视角［J］. 中国工业经济（12）：13－21.

茶洪旺，左鹏飞，2017. 信息化对中国产业结构升级影响分析——基于省级面板数据的空间计量研究［J］. 经济评论（1）：80－89.

陈斌开，金箫，欧阳涤非，2015. 住房价格、资源错配与中国工业企业生产率［J］. 世界经济，38（4）：77－98.

陈国富，卿志琼，2009. 财政幻觉下的中国土地财政：一个法经济学视角［J］. 南开学报（哲学社会科学版）（1）：69－78.

陈国亮，陈建军，2012. 产业关联、空间地理与二三产业共同集聚：来自中国212个城

市的经验考察 [J]．管理世界 (4)：82 - 100.
陈诗一，陈登科，2017. 中国资源配置效率动态演化——纳入能源要素的新视角 [J]．中国社会科学 (4)：67 - 83，206 - 207.
陈淑云，曾龙，2017. 地方政府土地出让行为对产业结构升级影响分析——基于中国 281 个地级及以上城市的空间计量分析 [J]．产业经济研究 (6)：89 - 102.
陈硕，2010. 分税制改革、地方财政自主权与公共品供给 [J]．经济学（季刊），9 (4)：1 427 - 1 446.
陈英楠，黄楚倩，关靄玲，2017. 中国土地财政：概念性框架及规模再估算 [J]．产经评论，8 (3)：120 - 134.
陈永伟，2013. 资源错配：问题、成因和对策 [D]．北京：北京大学.
陈永伟，胡伟民，2011. 价格扭曲、要素错配和效率损失：理论和应用 [J]．经济学（季刊），10 (04)：1401 - 1422.
陈志勇，陈莉莉，2011. 财税体制变迁、“土地财政”与经济增长 [J]．财贸经济 (12)：24 - 29.
陈宗胜，1999. 中国经济体制市场化进程研究 [M]．上海：上海人民出版社.
程开明，2010. 城市化促进技术创新的机制及证据 [J]．科研管理，31 (2)：26 - 34.
程名望，贾晓佳，仇焕广，2019. 中国经济增长 (1978—2015)：灵感还是汗水？[J]．经济研究，54 (7)：30 - 46.
池晓辉，张建鹏，罗鑫．2021. 地方政府出让给融资平台的土地溢价了吗？——“土地金融”视角 [J]．上海金融 (1)：2 - 11，43.
崔书会，李光勤，豆建民，2019. 产业协同集聚的资源错配效应研究 [J]．统计研究，36 (2)：76 - 87.
邓仲良，张可云，2020. 中国经济增长的空间分异为何存在？——一个空间经济学的解释 [J]．经济研究，55 (4)：20 - 36.
杜雪君，黄忠华，吴次芳，2009. 中国土地财政与经济增长：基于省际面板数据的分析 [J]．财贸经济 (1)：60 - 64.
凡勃伦，2018. 有闲阶级论 [M]．蔡受百，译．北京：商务印书馆.
樊纲，王小鲁，马光荣，2011. 中国市场化进程对经济增长的贡献 [J]．经济研究，46 (09)：4 - 16.
樊纲，王小鲁，张立文，等，2003. 中国各地区市场化相对进程报告 [J]．经济研究 (3)：9 - 18，89.
范剑勇，莫家伟，2014. 地方债务、土地市场与地区工业增长 [J]．经济研究，49 (1)：41 - 55.
范剑勇，莫家伟，张吉鹏，2015. 居住模式与中国城镇化：基于土地供给视角的经验研究 [J]．中国社会科学 (4)：44 - 63.

范小敏，徐盈之，2018. 财政压力、土地出让方式与空间竞争 [J]. 山西财经大学学报，40 (11)：13-26.

范子英，2015. 土地财政的根源：财政压力还是投资冲动 [J]. 中国工业经济 (6)：18-31.

方军雄，2007. 所有制、市场化进程与资本配置效率 [J]. 管理世界 (11)：27-35.

付明卫，叶静怡，孟俣希，等，2015. 国产化率保护对自主创新的影响：来自中国风电制造业的证据 [J]. 经济研究，50 (2)：118-131.

傅东平，杨景院，2017. 房价上涨与工业产出：促进还是抑制 [J]. 经济体制改革 (5)：181-187.

盖凯程，李俊丽，2009. 中国城市土地市场化进程中的地方政府行为研究 [J]. 财贸经济 (6)：121-126.

干春晖，郑若谷，余典范，2011. 中国产业结构变迁对经济增长和波动的影响 [J]. 经济研究，46 (5)：4-16.

甘行琼，李玉姣，蒋炳蔚，2020. 财政分权、地方政府行为与产业结构转型升级 [J]. 改革 (10)：86-103.

葛扬，钱晨，2014. "土地财政"对经济增长的推动作用与转型 [J]. 社会科学研究 (1)：28-34.

宫汝凯，2015. 财政不平衡和房价上涨：中国的证据 [J]. 金融研究 (4)：66-81.

龚广祥，吴清华，高思涵，2020. 土地市场化对区域技术创新的影响及作用机制 [J]. 城市问题 (3)：68-78.

龚广祥，朱月季，2020. 土地市场化可以缓解企业融资约束吗 [J]. 江西财经大学学报，129 (03)：3-13.

顾乃华，王小霞，陈雄辉，2011. 我国土地财政的区域差异与成因：基于省际面板数据的实证研究 [J]. 经济前沿 (2)：103-112.

郭晓丹，张军，吴利学，2019. 城市规模、生产率优势与资源配置 [J]. 管理世界，35 (4)：77-89.

郭志勇，顾乃华，2013. 制度变迁、土地财政与外延式城市扩张——一个解释我国城市化和产业结构虚高现象的新视角 [J]. 社会科学研究 (1)：8-14.

韩剑，郑秋玲，2014. 政府干预如何导致地区资源错配：基于行业内和行业间错配的分解 [J]. 中国工业经济 (11)：69-81.

韩立彬，陆铭，2018. 供需错配：解开中国房价分化之谜 [J]. 世界经济，41 (10)：126-149.

杭静，郭凯明，牛梦琦，2021. 资源错配、产能利用与生产率 [J]. 经济学 (季刊)，21 (1)：93-112.

黄金升，陈利根，张耀宇，等，2017. 中国工业地价与产业结构变迁互动效应研究 [J]. 资源科学，39 (4)：585-596.

黄玖立，李坤望，2013. 吃喝、腐败与企业订单［J］. 经济研究，48（6）：71－84.
黄砺，张梁，2014. 土地市场化路在何方？［J］. 财经问题研究（6）：3－10.
黄群慧，2014."新常态"、工业化后期与工业增长新动力［J］. 中国工业经济（10）：5－19.
季书涵，朱英明，张鑫，2016. 产业集聚对资源错配的改善效果研究［J］. 中国工业经济（6）：73－90.
冀县卿，钱忠好，2010. 改革30年中国农地产权结构变迁：产权视角的分析［J］. 南京社会科学（10）：73－79.
贾广葆，2020. 国有划拨土地使用权制度创新改革研究［J］. 上海房地（5）：23－27.
贾俊雪，梁煊，2020. 地方政府财政收支竞争策略与居民收入分配［J］. 中国工业经济（11）：5－23.
贾康，梁季，2015. 市场化、城镇化联袂演绎的"土地财政"与土地制度变革［J］. 改革（5）：67－81.
江艇，孙鲲鹏，聂辉华，2018. 城市级别、全要素生产率和资源错配［J］. 管理世界，34（3）：38－50.
江小涓，2011. 服务业增长：真实含义、多重影响和发展趋势［J］. 经济研究，46（4）：4－14.
姜旭，卢新海，龚梦琪，2019. 土地出让市场化、产业结构优化与城市绿色全要素生产率——基于湖北省的实证研究［J］. 中国土地科学，33（5）：50－59.
蒋省三，刘守英，李青，2007. 土地制度改革与国民经济成长［J］. 管理世界（9）：1－9.
蒋震，2014. 工业化水平、地方政府努力与土地财政：对中国土地财政的一个分析视角［J］. 中国工业经济，319（10）：33－45.
靳来群，林金忠，丁诗诗，2015. 行政垄断对所有制差异所致资源错配的影响［J］. 中国工业经济（4）：31－43.
靳相木，杨翠迎，2005. 地根：撬动中国经济的第三杠杆［J］. 山东农业大学学报（社会科学版），04：40－44，125.
瞿伟，王溪若，2004. 城市土地资源经营管理与市场化体系构建［J］. 合肥工业大学学报（社会科学版），04：53－56.
康芒斯，2021. 制度经济学［M］. 于树生，译. 北京：商务印书馆.
柯善咨，赵曜，2014. 产业结构、城市规模与中国城市生产率［J］. 经济研究，49（4）：76－88.
柯武刚，史漫飞，2000. 制度经济学：社会秩序与公共政策［M］. 韩朝华，译. 北京：商务印书馆.
科林·克拉克，2020. 经济进步的条件［M］. 张旭昆，等译. 北京：中国人民大学出版社.

赖敏，2019. 土地要素错配阻碍了中国产业结构升级吗？——基于中国 230 个地级市的经验证据［J］. 产业经济研究（2）：39－49.

雷根强，钱日帆，2014. 土地财政对房地产开发投资与商品房销售价格的影响分析：来自中国地级市面板数据的经验证据［J］. 财贸经济（10）：5－16.

雷潇雨，龚六堂，2014. 基于土地出让的工业化与城镇化［J］. 管理世界（9）：29－41.

李嘉图，1962. 政治经济学及赋税原理［M］. 郭大力，王亚南，译. 北京：商务印书馆.

李建明，王丹丹，刘运材，2020. 高速铁路网络建设推动中国城市产业结构升级了吗？［J］. 产业经济研究（3）：30－42.

李力行，黄佩媛，马光荣，2016. 土地资源错配与中国工业企业生产率差异［J］. 管理世界（8）：86－96.

李隆伟，郭沛，2015. 中国土地市场化水平及其影响因素研究——基于 2006—2011 年全国 31 个省（市）面板数据的证据［J］. 北京理工大学学报（社会科学版），17（4）：73－79.

李孟然，2010. 划拨土地管理谋变［J］. 中国土地（7）：25－29.

李汝资，刘耀彬，王文刚，等，2020. 中国城市土地财政扩张及对经济效率影响路径［J］. 地理学报，75（10）：2126－2145.

李尚蒲，罗必良，2010. 我国土地财政规模估算［J］. 中央财经大学学报（5）：12－17.

李尚蒲，罗必良，2016. 中国城乡土地市场化：估算与比较［J］. 南方经济（4）：24－36.

李尚蒲，罗必良，何勤英，2017. 土地市场化是否推动城投债发行？［J］. 经济评论，206（04）：106－117.

李思思，2020. 央地共同事权与支出责任划分政策考察、实施障碍及其改进［J］. 地方财政研究，192（10）：20－26.

李勇刚，高波，任保全，2013. 分税制改革、土地财政与公共品供给：来自中国 35 个大中城市的经验证据［J］. 山西财经大学学报，35（11）：13－24.

李勇刚，罗海艳，2017. 土地资源错配阻碍了产业结构升级吗？——来自中国 35 个大中城市的经验证据［J］. 财经研究，43（9）：110－121.

李勇刚，王猛，2015. 土地财政与产业结构服务化——一个解释产业结构服务化"中国悖论"的新视角［J］. 财经研究，41（9）：29－41.

李志翠，徐波，卞亚斌，2015. 城市化、土地价格与产业结构调整：基于面板 VAR 模型的研究［J］. 城市发展研究，22（6）：12－18.

刘长喜，孟辰，桂勇，2014. 政府投资驱动型增长模式的社会学分析：一个能力论的解释框架［J］. 社会学研究，29（3）：77－99，243.

刘畅，曹光宇，马光荣，2020. 地方政府融资平台挤出了中小企业贷款吗？［J］. 经济研究，55（3）：50－64.

刘诚，杨继东，2019. 土地策略性供给与房价分化［J］. 财经研究，45（4）：68－82.
刘红芹，耿曙，郭圣莉，2019. 土地出让：以地生财还是引资晋升——针对两类用地市场的分析［J］. 公共行政评论，12（03）：3－23，189.
刘凯，2018. 中国特色的土地制度如何影响中国经济增长——基于多部门动态一般均衡框架的分析［J］. 中国工业经济（10）：80－98.
刘满凤，刘熙，徐野，等，2019. 资源错配、政府干预与新兴产业产能过剩［J］. 经济地理，39（8）：126－136.
刘世锦，刘培林，何建武，2015. 把提高生产率作为新常态发展主动力［N］. 人民日报，03－31（7）.
刘守英，王志锋，张维凡，等，2020. "以地谋发展"模式的衰竭——基于门槛回归模型的实证研究［J］. 管理世界，36（6）：80－92.
刘小玲，2005. 我国土地市场化过程中的三方博弈分析［J］. 财贸经济（11）：66－70.
刘阳阳，冯明，2016. "4万亿"是否造成了产能过剩？——政策干预与信贷错配［J］. 投资研究，35（4）：4－22.
刘元春，陈金至，2020. 土地制度、融资模式与中国特色工业化［J］. 中国工业经济（3）：5－23.
卢洪友，袁光平，陈思霞，等，2011. 土地财政根源："竞争冲动"还是"无奈之举"?：来自中国地市的经验证据［J］. 经济社会体制比较（1）：88－98.
鲁元平，张克中，欧阳洁，2018. 土地财政阻碍了区域技术创新吗？——基于267个地级市面板数据的实证检验［J］. 金融研究（5）：101－119.
陆铭，李鹏飞，钟辉勇，2019. 发展与平衡的新时代——新中国70年的空间政治经济学［J］. 管理世界，35（10）：11－23.
陆铭，张航，梁文泉，2015. 偏向中西部的土地供应如何推升了东部的工资［J］. 中国社会科学（5）：59－83.
吕品，王大俊，2011. 我国不同所有制工业企业的资本配置效率比较研究［J］. 产经评论（4）：40－48.
罗会军，范如国，罗明，2015. 中国能源效率的测度及演化分析［J］. 数量经济技术经济研究，32（5）：54－71.
马尔萨斯，1992. 人口原理［M］. 朱泱，胡企林、朱和中，译. 北京：北京商务印书馆.
马克思，2004. 资本论：第二卷：资本的流通过程［M］. 中共中央马克思恩格斯列宁斯大林著作编译局，译. 北京：人民出版社.
毛文峰，陆军. 2020. 土地要素错配如何影响中国的城市创新创业质量——来自地级市城市层面的经验证据［J］. 产业经济研究（3）：17－29.
缪小林，赵一心，2019. 地方债对地区全要素生产率增长的影响——基于不同财政独立性的分组考察［J］. 财贸经济，40（12）：50-64.
牟燕，2013. 中国土地市场化改革路径选择研究［D］. 南京：南京农业大学.
牟燕，钱忠好，2018. 地方政府土地财政依赖一定会推高城市一级土地市场化水平吗？——基于2003—2015年中国省级面板数据的检验［J］. 中国土地科学，32（10）：8-13.
倪鹏飞，2019. 货币政策宽松、供需空间错配与房价持续分化［J］. 经济研究，54（8）：87-102.
配第，1978. 政治算术［M］. 陈冬野，译. 北京：商务印书馆.
钱纳里，赛尔昆，1988. 发展的型式：1950—1970［M］. 李新华，徐公理，迟建平，译. 北京：经济科学出版社.
钱忠好，牟燕，2012. 中国土地市场化水平：测度及分析［J］. 管理世界（7）：67-75.
钱忠好，肖屹，曲福田，2007. 农民土地产权认知、土地征用意愿与征地制度改革——基于江西省鹰潭市的实证研究［J］. 中国农村经济（1）：28-35.
青木昌彦，2001. 比较制度分析［M］. 周黎安，译. 上海：上海远东出版社.
曲福田，石晓平，2002. 城市国有土地市场化配置的制度非均衡解释［J］. 管理世界（6）：46-53.
曲福田，吴郁玲，2007. 土地市场发育与土地集约利用：理论与来自江苏省开发区的经验［C］//2007年江苏省哲学社会科学界学术大会，南京.
任胜钢，郑晶晶，刘东华，等，2019. 排污权交易机制是否提高了企业全要素生产率——来自中国上市公司的证据［J］. 中国工业经济（5）：5-23.
邵朝对，苏丹妮，邓宏图，2016. 房价、土地财政与城市集聚特征：中国式城市发展之路［J］. 管理世界（2）：19-31.
邵新建，巫和懋，江萍，等，2012. 中国城市房价的“坚硬泡沫”——基于垄断性土地市场的研究［J］. 金融研究（12）：67-81.
沈坤荣，赵倩，2019. 土地功能异化与我国经济增长的可持续性［J］. 经济学家（5）：94-103.
宋锦，李曦晨，2019. 行业投资、劳动力技能偏好与产业转型升级［J］. 世界经济，42（5）：145-167.
孙浦阳，彭伟瑶，2014. 外商直接投资、资源配置与生产率提升：基于微观数据的验证［J］. 中南财经政法大学学报（6）：131-139，160.
孙秀林，周飞舟，2013. 土地财政与分税制：一个实证解释［J］. 中国社会科学（4）：40-59.
唐鹏，李建强，肖君，2010. 土地市场化程度的地区差异分析［J］. 资源与产业，12（6）：161-166.
唐未兵，傅元海，王展祥，2014. 技术创新、技术引进与经济增长方式转变［J］. 经济研究，49 (7)：31－43.
唐宇娣，朱道林，程建，等，2020. 差别定价的产业用地供应策略对产业结构升级的影响——基于中国277个城市的实证分析 [J]. 资源科学，42 (3)：548－557.
唐云锋，马春华，2017. 财政压力、土地财政与“房价棘轮效应” [J]. 财贸经济，38 (11)：39－54.
陶长琪，刘振，2017. 土地财政能否促进产业结构趋于合理——来自我国省级面板数据的实证 [J]. 财贸研究，28 (2)：54－63.
陶坤玉，张敏，李力行，2010. 市场化改革与违法：来自中国土地违法案件的证据 [J]. 南开经济研究 (2)：28－43.
陶然，2019. 区域金融资源配置对经济发展影响的研究——基于SYS－GMM的数据分析 [D]. 北京：首都经济贸易大学.
陶然，陆曦，苏福兵，等，2009. 地区竞争格局演变下的中国转轨：财政激励和发展模式反思 [J]. 经济研究，44 (7)：21－33.
陶然，袁飞，曹广忠，2007. 区域竞争、土地出让与地方财政效应：基于1999—2003年中国地级城市面板数据的分析 [J]. 世界经济 (10)：15－27.
田文佳，余靖雯，龚六堂，2019. 晋升激励与工业用地出让价格——基于断点回归方法的研究 [J]. 经济研究，54 (10)：89－105.
王弟海，2021. 三次产业增长和产业价格结构变化对中国经济增长的影响：1952—2019年 [J]. 经济研究，56 (2)：22－38.
王克强，胡海生，刘红梅. 中国地方土地财政收入增长影响因素实证研究——基于1995—2008年中国省际面板数据的分析 [J]. 财经研究，2012，38 (04)：112－122.
王克强，熊振兴，高魏，2013. 工业用地使用权交易方式与开发区企业土地要素产出弹性研究 [J]. 中国土地科学，27 (8)：4－9.
王青，陈志刚，叶依广，黄贤金，2007. 中国土地市场化进程的时空特征分析 [J]. 资源科学 (1)：43－47.
王文剑，覃成林，2008. 地方政府行为与财政分权增长效应的地区性差异——基于经验分析的判断、假说及检验 [J]. 管理世界 (1)：9－21.
王贤彬，2014. 土地出让与产业发展 [J]. 经济管理，36 (1)：12－21.
王贤彬，张莉，徐现祥，2014. 地方政府土地出让、基础设施投资与地方经济增长 [J]. 中国工业经济 (7)：31－43.
王媛，2016. 政府干预与地价扭曲——基于全国微观地块数据的分析 [J]. 中国经济问题 (5)：29－41.
王媛，杨广亮，2016. 为经济增长而干预：地方政府的土地出让策略分析 [J]. 管理世界 (5)：18－31.
王岳龙，邹秀清，2016. 土地出让：以地生财还是招商引资——基于居住-工业用地价格剪刀差的视角［J］．经济评论（5）：68－82.
威廉·配第，1963. 赋税论 献给英明人士 货币略论［M］．陈冬野，马清槐，译．北京：商务印书馆．
魏后凯，王颂吉，2019. 中国“过度去工业化”现象剖析与理论反思［J］．中国工业经济（1）：5－22.
文东伟，冼国明，马静，2009. FDI、产业结构变迁与中国的出口竞争力［J］．管理世界（4）：96－107.
文雁兵，2015.“土地财政”被误解了吗——基于扩张原因与福利结果的重新考察［J］．经济理论与经济管理（11）：38－53.
吴敬琏，2006. 中国增长模式抉择［M］．上海：上海远东出版社．
吴利学，尹俊雅，鞠晶，2019. 城市规模、资源配置与政府行为［J］．产业组织评论，13（4）：99－132.
吴振华，2020. 城市化、人力资本集聚与产业结构调整［J］．经济体制改革（1）：59－65.
伍德里奇，2007. 计量经济学导论：现代观点：第3版［M］．费剑平，译．北京：中国人民大学出版社．
夏方舟，李洋宇，严金明，2014. 产业结构视角下土地财政对经济增长的作用机制——基于城市动态面板数据的系统GMM分析［J］．经济地理，34（12）：85－92.
谢攀，李文溥，2015. 政治关联、要素比价扭曲与再配置效应［J］．经济管理（6）：166－176.
谢贞发，朱恺容，2019. 工业地价补贴、地区竞争与产出效应［J］．财政研究（4）：3－22.
徐升艳，陈杰，赵刚，2018. 土地出让市场化如何促进经济增长［J］．中国工业经济（3）：44－61.
许恒周，郭玉燕，陈宗祥，2013. 土地市场发育、城市土地集约利用与碳排放的关系——基于中国省际面板数据的实证分析［J］．中国土地科学，27（9）：26－29.
许实，王庆日，谭永忠，等，2012. 中国土地市场化程度的时空差异特征研究［J］．中国土地科学，26（12）：27－34.
闫先东，张鹏辉，2019. 土地价格、土地财政与宏观经济波动［J］．金融研究（9）：1－18.
严金海，2018. 土地供给管制与城市住房用地供给错配——基于2009—2015年中国城市面板数据的分析［J］．中国土地科学，32（06）：15－22.
严金明，李储，夏方舟，2020. 深化土地要素市场化改革的战略思考［J］．改革（10）：19－32.
杨浩昌，2016. 中国城镇化对经济增长的影响及其区域差异——基于省级面板数据的分析［J］．城市问题，246（1）：58－63，91.
杨继东，杨其静，2016. 保增长压力、刺激计划与工业用地出让［J］．经济研究，51

(1)：99－113.
杨继东，周方伟，赵文哲，2019. 协议出让与经济增长——基于企业所有制视角的分析［J］. 世界经济文汇（3）：1－17.
杨继生，黎娇龙，2018. 制约民营制造企业的关键因素：用工成本还是宏观税负？［J］. 经济研究，53（5）：103－117.
杨建坤，曾龙，2020. 地方政府合作与城市群产业结构升级——基于长三角城市经济协调会的准自然实验［J］. 中南财经政法大学学报，No. 243（06）：57－68，159.
杨其静，彭艳琼，2015. 晋升竞争与工业用地出让——基于 2007—2011 年中国城市面板数据的分析［J］. 经济理论与经济管理（9）：5－17.
杨其静，卓品，杨继东，2014. 工业用地出让与引资质量底线竞争：基于 2007—2011 年中国地级市面板数据的经验研究［J］. 管理世界（11）：24－34.
杨瑞龙，1998. 我国制度变迁方式转换的三阶段论——兼论地方政府的制度创新行为［J］. 经济研究（1）：3－5.
杨先明，李波，2018. 土地出让市场化能否影响企业退出和资源配置效率？［J］. 经济管理，40（11）：55－72.
杨晓锋，2017. 产业升级、收入增长与城市规模——基于 2002—2015 年 50 个一二三线城市的实证分析［J］. 经济体制改革（3）：46－52.
杨圆圆，2010. "土地财政"规模估算及影响因素研究［J］. 财贸经济（10）：69－76.
于斌斌，2015. 产业结构调整与生产率提升的经济增长效应——基于中国城市动态空间面板模型的分析［J］. 中国工业经济（12）：83－98.
余泳泽，张少辉，2017. 城市房价、限购政策与技术创新［J］. 中国工业经济（6）：98－116.
袁航，朱承亮，2018. 国家高新区推动了中国产业结构转型升级吗［J］. 中国工业经济（8）：60－77.
袁志刚，2013. 深化要素市场改革创新对外开放模式［J］. 经济研究（2）：19－20.
袁志刚，高虹，2015. 中国城市制造业就业对服务业就业的乘数效应［J］. 经济研究，50（7）：30－41.
曾龙，李燕凌，刘远风，2019. 土地资源错配对城市集聚特征的影响研究——基于产业集聚与结构的视角［J］. 经济经纬，36（5）：104－111.
曾艺，韩峰，刘俊峰，2019. 生产性服务业集聚提升城市经济增长质量了吗？［J］. 数量经济技术经济研究，36（5）：83－100.
张建华，邹凤明，2015. 资源错配对经济增长的影响及其机制研究进展［J］. 经济学动态（1）：122－136.
张莉，程可为，赵敬陶，2019. 土地资源配置和经济发展质量——工业用地成本与全要素生产率［J］. 财贸经济，40（10）：126－141.

张莉，高元骅，徐现祥，2013. 政企合谋下的土地出让［J］. 管理世界（12）：43－51.

张莉，王贤彬，徐现祥，2011. 财政激励、晋升激励与地方官员的土地出让行为［J］. 中国工业经济（4）：35－43.

张良悦，刘东，刘伟，2013. 土地贴现、资本深化与经济增长——基于省级面板数据的分析［J］. 财经科学（3）：105－114.

张辽，杨成林，2015. 土地市场化改革平抑了房价波动吗——来自中国的经验证据［J］. 经济学家（12）：34－41.

张琳，黎小明，刘冰洁，等，2018. 土地要素市场化配置能否促进工业结构优化？——基于微观土地交易数据的分析［J］. 中国土地科学，32（6）：23－31.

张鹏，邹家骏，2019. FDI与产业结构变迁——来自中国的经验证据［J］. 产业经济评论（3）：5－20.

张平，刘霞辉，2011. 城市化、财政扩张与经济增长［J］. 经济研究，46（11）：4－20.

张平，张鹏鹏，2016. 房价、劳动力异质性与产业结构升级［J］. 当代经济科学（2）：87－93.

张青，胡凯，2009. 中国土地财政的起因与改革［J］. 财贸经济（9）：77－81.

张少辉，余泳泽，2019. 土地出让、资源错配与全要素生产率［J］. 财经研究，45（2）：73－85.

张曙光，赵农，2000. 市场化及其测度——兼评《中国经济体制市场化进程研究》［J］. 经济研究（10）：73－77.

张小东，韩昊英，陈宇，2020. 2003—2018年中国地级城市土地出让交易状况及时空动态特征［J］. 地球信息科学学报，22（9）：1823－1836.

章潇萌，杨宇菲，2016. 对外开放与我国产业结构转型的新路径［J］. 管理世界（3）：25－35.

赵爱栋，蓝菁，马贤磊，等，2016. 土地价格市场化对中国工业部门要素投入与技术选择的影响［J］. 财经研究，42（8）：85－96.

赵爱栋，马贤磊，曲福田，2016. 市场化改革能提高中国工业用地利用效率吗？［J］. 中国人口（资源与环境），26（3）：118－126.

赵珂，石小平，曲福田，2008. 我国土地市场发育程度测算与实证研究——以东、中、西部为例［J］. 经济地理（5）：821－825.

赵文哲，杨继东，2015. 地方政府财政缺口与土地出让方式——基于地方政府与国有企业互利行为的解释［J］. 管理世界（4）：11－24.

赵祥，曹佳斌，2017. 地方政府“两手”供地策略促进产业结构升级了吗——基于105个城市面板数据的实证分析［J］. 财贸经济，38（7）：64－77.

赵燕菁，2014. 土地财政：历史、逻辑与抉择［J］. 城市发展研究，21（1）：1－13.

赵雲泰，黄贤金，钟太洋，等，2012. 中国土地市场化测度方法与实证研究［J］. 资源科学，34（7）：1333-1339.
赵志耘，刘晓路，吕冰洋，2006. 中国要素产出弹性估计［J］. 经济理论与经济管理（6）：5-11.
郑思齐，孙伟增，吴璟，等，2014.“以地生财，以财养地”：中国特色城市建设投融资模式研究［J］. 经济研究，49（8）：14-27.
周彬，周彩，2018. 土地财政、产业结构与经济增长——基于284个地级以上城市数据的研究［J］. 经济学家（5）：39-49.
周方伟，杨继东，2020. 市场化进程改善了政府配置资源的效率吗——基于工业用地出让的经验研究［J］. 经济理论与经济管理，350（02）：24-39.
周飞舟，2006. 分税制十年：制度及其影响［J］. 中国社会科学（6）：100-115.
周黎安，2007. 中国地方官员的晋升锦标赛模式研究［J］. 经济研究（7）：36-50.
周敏，2017. 一个基于土地财政的经营城市模型［J］. 世界经济文汇（1）：87-98.
周业安，2000. 中国制度变迁的演进论解释［J］. 经济研究（5）：3-11.
周振华，2014. 产业结构优化论［M］. 上海：上海人民出版社.
邹薇，刘红艺，2015. 土地财政“饮鸩止渴”了吗：基于中国地级市的时空动态空间面板分析［J］. 经济学家（9）：21-32.
左鹏飞，姜奇平，陈静，2020. 互联网发展、城镇化与我国产业结构转型升级［J］. 数量经济技术经济研究，37（07）：71-91.
AOKI S，2008. Was the Barrier to Labor Mobility an Important Factor for the Prewar Japanese Stagnation?［J］. MPRA Paper.
AU C C，HENDERSON J V，2006. Are Chinese Cities Too Small?［J］. The Review of Economic Studies，73（3）：549-576.
BANERJEE A V，MOLL B，2010. Why Does Misallocation Persist?［J］. American Economic Journal：Macroeconomics，2（1）：189-206.
BARTELSMAN E J，HASKEL J，MARTIN R，2008. Distance to Which Frontier? Evidence on Productivity Convergence from International Firm-Level Data［J］. CEPR Discussion Paper，No. DP7032.
BARTELSMAN，E，HALTIWANGER，J，STEFANS，2013. Cross-Country Differences in Productivity：The Role of Allocation and Selection［J］. American Economic Review，103（1）：305-334.
BAUMOL W J，1967. Macroeconomics of Unbalanced Growth：The Anatomy of Urban Crisis［J］. American Economic Review，57（3）：415-426.
BERGGREN N，2003. The Benefits of Economic Freedom：A Survey［J］. The Independent Review，8（2）：193-211.
BESLEY T，1995. Property rights and investment incentives：Theory and evidence from

Ghana [J] . Journal of Political Economy, 103 (5), 903 - 937.

CAI H B, HENDERSON J V, ZHANG Q, 2013. China's land market auctions: evidence of corruption? [J] . The Rand journal of economics, 44 (3): 488 - 521.

CAI H B, TREISMAN D, 2005. Does Competition for Capital Discipline Governments? Decentralization, Globalization, and Public Policy [J] . American Economic Review, 95 (3), 817 - 830.

CHANG C, CHEN K, WAGGONER D F, et al, 2016. Trends and cycles in China's macroeconomy [J] . NBER Macroeconomics Annual, 30: 1 - 84.

CHEN S, LIN B, 2019. Dual - track interest rates and capital misallocation [J] . China Economic Review , 57: 101338.

CHENERY H, SYRQUIN, 1989. Three Decades of Industrialization [J] . The world Bank Economic Review, 3 (2) .

CLAESSENS S, TZIOUMIS K, 2006. Measuring firms' access to finance [J] . World Bank.

COASE R H, 1960. The Problem of Social Cost [J] . Journal of Law and Economics, 3: 1 - 44.

COMBES P P, DURANTON G, GOBILLON L, et al, 2012. The Productivity Advantages of Large Cities: Distinguishing Agglomeration From Firm Selection [J] . Econometrica, 80 (6): 2543 - 2594.

COMMONS J R, 1934. Institutional economics: Its Place in political economy [M]. London: The Macmillan Company.

DAWSON J W, 1998. Institutions, investment, and growth: New cross - country and panel data evidence [J] . Economic Inquiry, 36 (4): 603 - 619.

DIEWERT W E, 1976. Exact and superlative index Numbers [J] . Journal of Econometrics, 4 (2): 115 - 145.

DING C R, 2003. Land policy reform in China: assessment and prospects [J] . Land Use Policy, 20 (2): 109 - 120.

DU J F, PEISER R B, 2014. Land supply, pricing and local governments' land hoarding in China [J] . Regional Science and Urban Economics, 48: 180 - 189.

DU J F, THILL J C, PEISER R B, et al, 2014. Urban land market and land - use changes in post - reform China: A Case study of Beijing [J] . Landscape & Urban Planning, 124: 118 - 128.

DURANTON G , PUGA D, 2005. From sectoral to functional urban specialization [J] . Journal of Urban Economics, 57 (2): 343 - 370.

FOSTER L, HALTIWANGER J, SYVERSON C, 2008. Reallocation, Firm Turnover, and Efficiency: Selection on Productivity or Profitability? [J] . The American Economic Review, 98 (1): 394 - 425.

Fujita M, Tabuchi T, 1997. Regional growth in postwar Japan [J] . Regional Science and Urban Economics, 27 (6): 643 - 670.

GRILICHES Z, 1994. Productivity, R&D, and the Data Constraint [J] . The American Economic Review, 84 (1): 1 - 23.

HALL R E, JONES C I, 1999. Why do Some Countries Produce So Much More Output Per Worker Than Others? [J] . The Quarterly Journal of Economics, 114 (1): 83 - 116.

HAN L, KUNG K S, 2015. Fiscal Incentives and policy choices of local governments: Evidence from China [J] . Journal of Development Economics, 116: 89 - 104.

HARROD R F, 1949. Towards A Dynamic Economics: Some Recent Developments of Economic Theory and their Application to policy [J] . Journal of the Royal Statistical Society: 86 - 88.

HE C, ZHOU Y, HUANG Z J, 2016. Fiscal Decentralization, political centralization, and land urbanization in China [J] . Urban Geography, 37 (3): 436 - 457.

HENDERSON V, 1997. Medium size cities [J] . Regional Science and Urban Economics, 27 (6): 583 - 612.

HSIEH C T, BAI C E, SONG Z M, 2016. The long shadow of a fiscal expansion [J] . BPEA Article.

HSIEH C T, KLENOW P J, 2009. Misallocation and Manufacturing TFP in China and India [J] . The Quarterly Journal of Economics, 124 (4): 1403 - 1448.

JIANG R H, LIN G C S, 2021. Placing China's Land marketization: The state, market, and the changing geography of land use in chinese Cities [J] . Land Use Policy, 103 (1): 105 293.

JOHANSSON D, 2001. The Dynamics of Firm and Industry Growth: the Swedish Computing and Communications Industry [J] . Economics. DOI: 10. 2139/SSRN. 3821235.

JONES C I, 2011. Misallocation, Economic Growth, and Input - Output Economics [J]. NBER Working Paper, No. 16742.

KOLKO J, 1999. Can I Get Some Service Here? Information Technology, Service Industries, and the Future of Cities [J] . Social Science Electronic Publishing.

KUZNETS S, 1957. Quantitative Aspects of the Economic Growth of Nations: II. Industrial Distribution of National Product and Labor Force. Economic Development and Culture Change, 5 (4) .

KUZNETS S, 1971. Economic Growth of Nations: Total Output and Production Structure [J] . Recherches Économiques de Louvain, 37 (5) 611.

LIU T, CAO G Z, YAN Y, et al, 2016. Urban land marketization in China: Central policy, local initiative, and market mechanism [J]. Land Use Policy, 57: 265 - 276.

LIU T, LIN G C S, 2014. New geography of land commodification in Chinese Cities: Uneven landscape of urban land development under market reforms and globalization [J]. Applied Geography, 51: 118 - 130.

LU X H, JIANG X, GONG M Q, 2020. How land Transfer marketization influence on green total factor productivity from the approach of industrial structure? Evidence from China [J]. Land Use Policy, 95: 104610.

MASSELL B F, 1961. A Disaggregated View of Technical Change [J]. Journal of Political Economy, 69 (6): 547 - 557.

MELITZ M J, 2003. The Impact of Trade on Intra - Industry Reallocations and Aggregate Industry Productivity [J]. Econometrica, 71 (6): 1695 - 1725.

MOLL B, 2014. Productivity Losses from Financial Frictions: Can Self - Financing Undo Capital Misallocation? [J]. The American Economic Review, 104 (10): 3186 - 3221.

MOYER J D, HUGHES B B, 2012. ICTs: Do they contribute to increased carbon emissions? [J]. Technological Forecasting and Social Change, 79 (5): 919 - 931.

North D C, 1990. Institutions, Institutional Change, and Economic Performance [J]. Cambridge University Press.

NORTH D C, THOMAS R P, 1973. The Rise of the Western World [J]. Cambridge University.

OLLEY G S, 1996. The Dynamics of Productivity in the Telecommunications Equipment Industry [J]. Econometrica, 64 (6): 1262 - 1297.

QIN Y, ZHU H V, ZHU R, 2016. Changes in the distribution of land prices in urban China during 2007—2012 [J]. Regional Science and Urban Economics, 57: 77 - 90.

RESTUCCIA D, ROGERSON R, 2013. Misallocation and productivity [J]. Review of Economic Dynamics, 16 (1): 1 - 10.

ROMER D , 1996. Advanced Macroeconomics [M]. New York: Mc Graw - Hill.

ROODMAN D, 2009. How to Do xtabond2: An Introduction to difference and system GMM in Stata [J]. Stata Journal, 9 (1): 86 - 136.

SOLOW R M, 1956. A Contribution to the Theory of Economic Growth [J]. The Quarterly Journal of Economics, 70 (1): 65 - 94.

Sun W, Chen Z, Wang D, 2019. Can Land Marketization Help Reduce Industrial Pollution? [J]. International Journal of Environmental Research and Public Health, 16 (12): 2213.

SYRQUIN M, URATA S, 1986. Sources of changes in factor intensity of trade [J].

Journal of Development Economics，24（2）：225－237.
TU F，YU X，RUAN J Q，2014. Industrial land use efficiency under government intervention：Evidence from Hangzhou，China [J]. Habitat International，43：1－10.
VEBLEN T，1973. The theory of the leisure class [M]. Boston：Houghton Mifflin.
VEGA－GORDILLO，M，ÁLVAREZ－ARCE J，2003. Economic Growth and Freedom：A Causality Study [J]. Cato Journal，23（2）：199－215.
WANG Z，ZHANG Q H，ZHOU L A，2016. To Build Outward or Upward? The Spatial Pattern of Urban Land Development in China [R]. SSRN Working Paper.
YUAN F，WEI Y H D，XIAO W Y，2019. Land marketization，fiscal decentralization，and the dynamics of urban land prices in transitional China [J]. Land Use Policy，89：104208.

图书在版编目（CIP）数据

城市土地出让市场化的经济增长效应研究 / 杨琰军著. —北京：中国农业出版社，2023.9
ISBN 978-7-109-30992-0

Ⅰ.①城… Ⅱ.①杨… Ⅲ.①城市土地－土地市场－经济增长－研究 Ⅳ.①F293.27

中国国家版本馆 CIP 数据核字（2023）第 147304 号

中国农业出版社出版
地址：北京市朝阳区麦子店街 18 号楼
邮编：100125
策划编辑：屈 娟 责任编辑：陈 亭 李文革
版式设计：李 文 责任校对：吴丽婷
印刷：北京中兴印刷有限公司
版次：2023 年 9 月第 1 版
印次：2023 年 9 月北京第 1 次印刷
发行：新华书店北京发行所
开本：720mm×960mm 1/16
印张：10.5
字数：173 千字
定价：68.00 元
